本土教育
課程改革

增訂版

吳俊憲◎著

五南圖書出版公司 印行

推薦序一

本土教育新思維
建構臺灣主體性課程　增進本土教育包容度

　　1980年代末期以來，受到教育潮流與社會變遷影響，國內教育政策開始提倡鄉土教育、母語教學及本土教育，然而推行多年以來，始終未能順利推展與落實。究其原因，一來是本土教育主軸性未能彰顯，使臺灣、中國和世界三個教育區塊互相拉扯；二來本土教育在許多國家是自然而然的事，在國內推動卻易於受到政治的干擾，「去中國化」與「本土化」經常牽扯不清；三來，本土教育的目標、內容與方法，在規劃實施時很難形成具體一致的方向，以致改革力量相互抵銷。是以，本土教育一經推動，便帶來許多課程上的爭議，例如本土語言文化占課程比重太少、國語及中國史地課程受到擠壓、臺灣主體課程設計出現爭議、鄉土教學拼音系統欠缺整合及本土教育師資與教材缺乏等，這些問題極需深入探究，以做為改進依據。

　　另外，本土化與全球化不是對立的，要兼顧本土教育與全球教育，讓學生學習本土、熱愛本土，把本土文化推展到全世界，也應具備寬宏的胸懷，學習外國語言文化，具備全球意識、熱愛世界。在這種思維下，教育改革應藉由多元文化教育的管道，一方面肯定本土文化的價值，二方面接納中華文化和其他世界文化，來豐富本土文化內涵，以培養學生理解本土社會的差異與多元，同時也學會包容、尊重及接納外來文化，彼此共生共榮。

　　吳俊憲博士是位極具學術研究熱誠與潛力的年輕學者，近年來浸淫於課程與教學領域研究，平日十分積極參與學術研究活動並發表論文著述，

無論質與量均相當可觀，其悉心研究的毅力和精神，尤值嘉許。吳博士現以「本土教育課程改革」為題，蠡探本土教育的理念及其內涵、課程政策的興革發展、課程改革的重要議題與問題，並提倡回歸教育本質，建構本土教育的完整圖像，重視課程主體性、多元性與需求性，規劃系統化本土教育課程改革體系等，觀點獨到、析論精闢。相信本書的出版，必有助於國內學術和實務界進行研究和實踐之參考，故樂為之序。

明道大學講座教授

前國立臺南大學校長

黃政傑

2008年7月

推薦序二

紮根本土化　迎向全球化

近十餘年來，國內教育改革變動劇烈，受到全球化及國際化潮流的影響，為提升學生競爭力，九年一貫課程改革明訂「促進文化學習與國際瞭解」做為課程目標，規定自小學五年級起必須實施英語教學，幫助學生具有國際觀及全球意識，體察世界一體的地球村互動關係。另一方面，以臺灣為主體的教育目標，近年來已逐漸成為教育改革的重要議題，希望藉由實施鄉土教育、母語教學及認識臺灣等課程，培養學生瞭解自我、尊重與欣賞他人及不同文化，並增進鄉土意識、本土意識，進而認同本土、熱愛臺灣。由此足見，本土化與全球化教育議題已同時受到國人重視，並成為課程改革的關注焦點。

本書是國內第一本採系統化探究「本土教育課程改革」議題的專書，作者吳俊憲博士能悉心深耕本土教育的理念及其內涵，尋繹課程改革的立論基礎和概念架構，探究課程政策的興革發展，並能針對當前課程改革爭論處提出客觀評析和建議，實屬難能可貴。盱衡當前教育改革與發展趨勢，推動本土教育課程改革確有其必要性，只是在運作過程常充滿政治角力和意識型態，導致理想與實際產生落差。作者在書中主張回歸教育本質，建立課程主體性和多元性，符合學生需求性，幫助學生建立適切的本土觀，並進而與全球、國際接軌，是很值得做為未來教育政策規劃及學校課程發展的重要參考依據。

仔細閱覽全書，作者析論條理分明、架構明確清晰、觀點擲地有聲，其文如同其人，本人曾與作者在臺南大學共事過，其屢膺重任，總能圓滿達成，有條不紊的處事方式和謙卑溫和的待人態度常令人稱許有嘉。吳博

士近幾年積極參與學術研究及發表著述，累積的成果相當豐碩，相信定將成為學術界的明日之星。今有幸獲邀為本書點綴數語，除推薦這本值得一讀的好書外，更期勉吳博士能更上層樓。

國立臺南大學校長

黃秀霜

2008年7月

增訂版自序

　　本土教育的提倡，強調學生是教育的主體，教育內容應以學生為中心，貼近其生活經驗並符合需求，一方面促使學生更加認識自己生長的土地，增進對「斯土斯民」的認同與關愛，另方面也要著重民主的教育程序，納入多族群、多元文化的知識內涵，關注不同族群、階級、弱勢群體及新移民等在教育歷程中是否獲得應有的尊重與發聲，藉以培養學習者成為獨立、自信的主體。

　　本書自去年出版以來，在學術和實務界獲得相當大的迴響，初版一刷書本已全部銷售完畢，五南圖書出版公司通知即將印行二刷。鑑於課程改革不斷更迭進步，作者決定重新增訂內容，納入最新的研究資料，也嘗試與現場教師合作進行教學活動設計，使本書能兼具理論與實務。增訂版新增內容主要有四：其一，第二章本土教育的意涵，增加闡述「本土知識的意涵」；其二，第六章本土教育課程改革政策的興革與發展，增加撰述「本土教育課程綱要草案研訂始末」，並增列附錄一「本土教育課程綱要草案」；其三，增列附錄二「本土語言『感恩、惜福』教學活動設計」；其四，書末增列「問題與討論」，提供讀者進一步延伸思考。

　　本書增訂內容之一，在撰述本土教育課程綱要草案研訂始末及附錄一內容，係教育部自2007年9月成立本土教育議題課程綱要研修小組，本書作者應邀與中央研究院臺灣史研究所黃富三教授和國立臺北教育大學社會科教育學系曾慧佳教授擔任綱要研修小組核心成員，原預計在2008年將本土教育納入九年一貫課程成為第八項重大議題，但歷經多次諮詢會議的討論，最後決定暫緩發展。雖然可惜，但在研究過程中要特別感謝這兩位學術界的前輩不吝給予我這個年輕學者參與研究和學習的機會，當時雖必須經常南北奔波參與研究討論會議，惟浸濡在兩位學識涵養及長者風範下確

也獲益良多,為記載這段難得的研究歷程,故將當時未盡成熟的研究成果略加修訂並納入本書。

　　另要感謝臺南市開元國小林淑慧老師共同合作進行教學活動設計,並經實際教學和省思後加以修訂,具有相當的實用性。林老師專長課程設計,其作品經常獲獎,此番有幸合作,也更體會到大學教師不能自絕於象牙塔裡做研究,而是要步入教育現場與教師對話、互動,才能搭築理論與實務溝通的橋樑。當前教育部相當鼓勵各師資培育機構及各級學校教師能將重大教育議題融入教學,期許本書的出版能稍盡棉薄之力,書中許多不盡成熟的觀點和疏漏之處,尚祈方家不吝賜教。

靜宜大學教育研究所
暨師資培育中心
吳俊憲
2009年4月

初版自序

本土教育課程改革的理想
回歸教育本質　重視學生主體

　　1987年政治解嚴後，帶動國內各層面走向多元、民主及開放，一股來自民間沛然難禦的力量，呼籲進行本土化改革運動，啟迪人民具有主體批判意識。期間加上全球化的衝擊，迫使人們開始積極關切本土化議題，教育領域受其影響，從地方到中央開始推動本土教育改革；由於課程是教育的核心，故從課程改革切入，進行課程綱要修訂、學科內容設計、教科書材料編輯、校本課程發展及相關配套制訂等。認同臺灣本土、臺灣優先、以臺灣為主體的教育目標，在近十餘年來已逐漸成為教育改革與社會發展的重要趨勢，推動本土教育課程改革有必要性，但如何運作課程改革來落實教育理想，如何增進學生習得生活化與本土化的課程經驗，藉以培養本土意識、認同臺灣、愛護臺灣的情感，是本書關注的焦點。

　　鑑於目前國內對於本土教育課程改革的爭議不斷、缺乏共識，或誤認為「本土化」即代表「去中國化」，故本書主張必須回歸教育本質並重建本土教育的完整圖像，強調「以學生為主體」的教育理念，幫助學生從認識本土歷史文化、人文社會和自然環境出發，培養關懷與認同本土的情感，並尋繹主體的自信展現，然後吸納中華文化與其他世界文化，培養具有國際觀、全球視野及熱愛世界。

　　本書雖改寫自作者博士論文「臺灣本土教育課程改革之研究」，但改寫幅度甚大，也增加許多最新資料，故費時費力，延宕多時才得以順利出版。書中許多教育觀點或來自教育先進，或教育實務者熱心提供，在此致上深深謝意。感謝五南圖書出版公司慨允出版本書，陳念祖副總編輯的大力促成更是備極辛勞。撰書過程承蒙國立臺南大學黃政傑和黃秀霜兩位前後任校長及多位師長的指導提攜，靜宜大學提供良好的研究環境，鄭青青

主任像姐弟般的經常關懷，在此一併感謝。最後更要感謝父母平日辛勤的養育、弟妹相互的加油打氣和林怡君老師的溫暖鼓勵。作者才疏學淺，在分析重要觀念及探究實務歷程，已盡力廣泛蒐集資料佐證，並陳異見、客觀評析，但疏漏之處在所難免，尚祈方家不吝指正。

靜宜大學教育研究所
暨師資培育中心
吳俊憲
2008年7月

目　録

第 3 篇
教育實踐

3

— 75

表　次

圖　次

第一篇

緒　論

第一章　概說

概　說

壹　本書緣起

　　「本土」對於一個國家或地區的人們而言，其範圍可以包括本地、本鄉、本區域或本國，其內容涵蓋自身土生、土長的自然環境，及其與人們生活互動的社會環境。是以，「本土教育」的實施應是自然生成、切身需要的；任何「生於斯、長於斯、立於斯」的人們，應主動關懷、認識、教導有關本土的自然環境、歷史變遷及各種社會關係的發展，藉以獲取本土的重要知識、確立本土的認同價值，並進而與世界國際互動、交流，以期豐富全人類的文明和文化內涵。

　　自從15世紀「地理大發現」後，歐洲各國開始積極向外擴張勢力。16、17世紀形成帝國主義（imperialism）時期，18、19世紀成為殖民時期，歐美國家陸續占領非洲、亞洲、中南美洲、澳洲及紐西蘭等地做為殖民地。為達到政治、軍事及經濟控制的目的，殖民宗主國大多會配合實施一些教育措施，惟其教育內容多為讀、寫、算的基本課程，主要目的乃在於訓練當地人民具有基本的勞動知能，能提供勞役服務及忠誠效命，而非啟迪民智。

　　二次世界大戰後，被殖民者紛紛要求自決、自治與自由，並以各自的族群或民族為名，在政治上爭取民族解放與國家獨立，這些新興的國

家被泛稱為「第三世界國家」。然而，這些國家在表面上雖然脫離殖民統治，卻因為經濟貧困、政治動盪及學術文化落後，實際上仍處於原殖民國家的各種技術、制度和經濟優勢之下，未能真正獨立和自主（陳麗華等，2003a）。誠如廖炳惠（1998：13）所言：「此時西方的文化霸權（cultural hegemony）正以文化商品及學術研究行帝國主義利益與資本主義掠奪之實，實際上是政治、軍事及經濟殖民的一種變相延伸。」

為反省及批判上述現象，一些來自第三世界國家的知識份子在1990年代提倡「後殖民主義」（postcolonialism），隨後興起了一股反殖民和反知識霸權的力量（方永泉，2000）。例如非洲阿爾及利亞民族解放運動的核心人物法農（F. Fanon），1978年出版《東方主義》一書而聞名世界的薩依德（E. W. Said），以及研究第三世界國家如何面對西方文化與意識型態宰制問題的史碧娃克（G. Spivak）等人。其理論上的共同點在於：希冀喚醒人們過去被殖民、被壓迫的集體經驗和記憶，務求去除心靈上的殖民狀態並解決認同危機，期能藉此振興民族意識、恢復文化主體及自信心（廖炳惠，1998：16）。

至於國內，李永熾等（2004：24）指出數百年來臺灣歷史最大的特色是一直由外來政權所支配與殖民，包括荷蘭、西班牙、明鄭、滿清、日本及國民政府，這種殖民經驗比起上述第三世界國家是「有過之而無不及」的，因為其間充滿許多政治性的複雜因素與衝突。具體來說，由於統治政權的頻頻更替造成臺灣的歷史與文化產生斷裂，使得人們無法在前人的成果上持續地向上提升、創新，甚至於喪失對自身社會關係與自然環境的認識，漠視對本土的情感關懷。遺憾的是，以往過度強調「大中國意識」，導致人們「只知有中國，不知有臺灣」，無法產生共同的認同感，臺灣主體性應有的思維受到壓抑，從而對前途失去方向感。

為解除上述危機，於是開始有人在不同的時代脈絡下為「本土」尋求適當的理解與定義，並提倡「本土」的重要性；接著，由其中尋繹「本土化」的概念，並具體地反映到各種層面的「本土化運動」，包括政治本土化運動、社會本土化運動、文化本土化運動及教育本土化運動等。

早期興起的本土化運動，是受到日本長期的殖民統治，加上殖民後期

實施「皇民化教育」的影響，所激起反日、抗日的本土意識。1945年國民政府遷臺後，將各種統治制度幾乎全數加以移植。在教育方面，藉由「國語推行運動」和「黨化教育」等政策，灌輸學生「大中國」的意識型態；實施範圍包括課程標準的修訂、課程目標的訂定、教科書的編輯、課程內容的選擇、教學和評量的方式等，教導學生具有愛國意識與情操，結果卻嚴重地影響人民應有的本土意識與文化認同。

直至1970年代面臨國際外交的挫折，例如1970年與日本發生保護釣魚臺列嶼事件，1971年退出聯合國，1978年與美國斷絕外交，1979年發生「美麗島事件」等。影響所及，一來促使臺灣的定位問題成為當時重大的國際議題，二來政府為尋求人民對其政權的合法性認同，乃開始啟用臺灣本籍人士擔任政府要職（陳昭瑛，1998），並進行政治本土化的改革運動。

1987年政府宣布解嚴，1991年終止動員戡亂時期臨時條款，同年，國民大會進行全面改選。隨著威權政治的崩解，受到政治民主化、經濟自由化、社會多元化及科技現代化的影響，帶動社會各層面的快速變遷與發展，也開啟人們重新重視「臺灣意識」的意義內涵（黃俊傑，1999）。為強化斯土斯民對本土的認識與理解，李登輝在1992年提出「生命共同體」的概念：「臺灣島上的居民，不分省籍、年齡、職業、信仰或政治立場，為一個生命或命運上的共同體」。1998年李登輝再提出「新臺灣人」的主張：「不論是四、五百年來的，或是四十年、五十年前從大陸來的，或是原住民，攏是咱們臺灣人，為臺灣，為了中華民國在這裡打拼，就是新臺灣人」。意即，人民彼此間具有休戚相關、禍福與共的密切關係（李登輝，1999，2005）。

於是，蓄積已久的民間力量獲得解脫。教育領域受其影響，開始修正過去以中國意識為主的課程目標及內容，轉而納入較多屬於臺灣及本土族群觀點的課程材料，而「教育鬆綁」更成為重要的教育改革方向，本土教育的需求也開始獲得若干地方縣市政府的重視，如臺北縣、宜蘭縣、屏東縣、高雄縣、臺北市及高雄市等均紛紛致力於推動鄉土教育、編寫鄉土教材、鼓勵民俗技藝、辦理鄉土藝術表演及實施母語教學等。惟此時期即使

開始關心臺灣本土的各種人、事、時、地、物，但所謂「本土」所隱指的對象仍是中國，而非真正的本土臺灣，故另以「鄉土」稱呼。

其後，教育部受到來自民間與當時政治環境的影響，改變過去中央集權式的教育政策，以「愛臺灣、鄉土情、中國心、世界觀」做為重要的國家教育政策指標，開始規劃國家層級的本土教育計畫，並訂定各項具體策略。例如1993年教育部修訂國小課程標準時，確立「立足臺灣、胸懷大陸、放眼天下」的教育理念；在修訂國小社會科課程標準時，也在課程目標上由原先「培養學生具有愛國意識」，修訂為「培養學生能愛自己、愛家、愛鄉土、愛國家、愛世界」。

1996年起，教育部於國小增加「鄉土教學活動」，1997年在國中開設「鄉土藝術活動」，並單獨設置「認識臺灣」（歷史篇、地理篇、社會篇）的學科，並主張在國語、美術、音樂等課程應增加具有本土性的內容，規定國中和國小的「團體活動」課程中得開設母語教學、民俗體育、鄉土音樂、鄉土美術等活動項目。另外，在高等教育方面也鼓勵國內各大學校院申請設立臺灣歷史、文學、語言、文化等相關系所及研究中心等。

當政府致力推動教育本土化運動時，表示在教育政策制定與執行方面已關注本土教育改革。由於教育改革的核心工作繫於課程改革，為具體落實本土教育改革的理念，必須將焦點置於本土教育課程改革，並從課程政策上制訂相關的配套措施。

以2001年正式實施的「九年一貫課程」為例，其中融入許多本土教育相關的理念與措施，自此不再使用鄉土來代表與臺灣相關的人、事、時、地、物。例如九年一貫課程強調「文化學習」的教育目標、學校本位及多元文化的課程設計等。此外，也主張將本土化的課程材料融入各學習領域，不再單獨設科，將原來國中階段的「認識臺灣」科、「鄉土藝術活動」及國小階段的「鄉土教學活動」融入九年一貫課程的「社會學習領域」。其後，教育部為因應後續課程修訂的需要，乃於2002年成立「本土教育委員會」以規劃未來推動方針及策略。凡此種種，顯見不同層級的教育主管機關在制訂教育政策或推動教育改革時，已越來越重視本土化的理念，能以本土做為教育的核心，藉以推動本土教育。

為求更進一步地落實本土教育，教育部在2004年公布「2005-2008教育施政主軸」，其中所規劃的四大主軸之一為「臺灣主體」，其目的期能藉由調整課程體系，培養學習者更加認識臺灣、深化認同，並具有主體性；另外，也主張在課程中強化臺灣主體的教育，使教育回歸到每個人所生活的時空環境，並具有臺灣主體意識（教育部，2004b：5）。

　　近年來由於朝野政黨的激烈競爭，使得過去的省籍問題演變成為族群問題，連帶促使人民對政治認同產生分裂，對文化認同產生焦慮。在教育方面，雖然早期有志之士提倡臺灣文學本土論，其後也有楊國樞（1999）、葉啟政（2001）等人在社會科學領域倡導學術本土化，但受到政治意識型態的影響，使得教育本土化的推展緩慢或受阻，甚至被質疑在概念上模糊不清。邇來受到「全球化」與「國際化」的高度影響下，從食、衣、住、行、育、樂等各方面大肆地仿效西方，追求西方所謂的時尚、流行。在語言教育上，九年一貫課程規劃自國小五年級起將英語課程納入正式課程，但許多縣市政府早已研擬如何將學習英語的階段下降至國小三年級，甚至是一年級。如此一來，似乎也引發許多人對於「全球化與本土化是否對立」的疑慮？因為全球化強調達成世界一體的目標，然而在此目標下卻使得各個國家的個別性和獨特性有逐漸消融之虞。值得反省的是：在全球化的過程中，到底是誰從中獲得最大利益？國民又要如何不在全球化浪潮下迷失方向？

　　為正視以上各項問題，本書認為必須強調本土教育的重要性，藉由實施本土教育喚醒人們在殖民統治及競逐全球化下被逐漸遺忘的身分認同。方面，或許無法否認全球化所帶來的正面意義與重要性，追求與國際接軌當然必須學習國際語言和文化，自然不應「劃地自限」在本土的框架裡；另一方面，本土是人們生存、生活、生長、生計之所依賴，必須重視本土的重要性，找回自己的身分認同和主體性，如此才不至於迷失在全球化與本土化的爭辯之中。

　　有鑑於此，本土教育確有其重要性與需求性，只是真正落實到課程改革的實踐層面太少；加上改革的過程中容易介入政治因素或意識型態，動輒以族群問題、統獨爭議做為反對改革的理由。顯見的有以下兩個例子：

其一是1996年教育部在國中一年級設置「認識臺灣」科。該科教科書編寫期間即有批評者指出課文內容提到「臺灣意識」、「臺灣精神」、「臺灣魂」及「二二八事件」等史實內容，涉及反中國化、美化日本及宣揚臺獨等議題，結果引發社會各界相當大的爭論。根據估計，當時相關的新聞報導超過250則、社論18篇及專欄100篇（杜正勝，1998：158）。

另一例是高中課程綱要的修訂。根據教育部在2004年公布的高中歷史暫行綱要草案，高一上學期以「臺灣史」為主，一度被劃歸世界史的中華民國創建歷程，確定納入高一下學期的「中國史」；引人注目的是，以往被視為禁忌話題的「臺灣地位未定論」，將首次納入高中歷史課程，讓學生瞭解舊金山和約與開羅宣言等史實。高二以「世界史」為主，高三則為「選修歷史」。此草案公布前後，再度引發社會輿論。有人認為臺灣地位的爭議即使在學界都是「一人十義，十人百義」，其內容和關係太複雜、也太難懂，實不宜納入高中課程；有人則痛批「這不只是教材的改變，而且是思想的改造」，是有意圖地要導入「臺灣地位未定論」，恐造成學生的認知錯亂；但也有人認為教導學生認識貼近切身環境與事實才是歷史教育的目的，舊金山和約既是歷史事實就不應排除於教材之外（自由新聞網，2004；蘋果日報，2004）。

面對上述課程改革所引發的爭議，本書認為部分原因係人們對本土教育的歷史發展、背景脈絡及相關的理念內涵認識不清或異見太深所致。尤其每當涉及國土的疆域界限或國家定位等問題時，所引發的衝突和爭議就越加嚴重。事實上，本土教育在國際上早已蔚為潮流，教育內容亦未涉及太複雜的意識型態問題，誠如黃榮村（2005：159）舉例說明美國雖從英國的殖民下獨立，但在歷史和地理等相關課程並未因此將英國的歷史、地理和文化傳統加以排除，反而將之視為共同的資產，並適當地引入教材中。

臺灣長久以來歷經不同外來政權的統治，本土知識似乎一直未被重視，以致於國民不知自己是誰（who you are）？自己是什麼（what you are）？也因而欠缺對本土的認同與愛戀，以及為它奮鬥的精神。如今已進入全球化的21世紀，若不及時強化本土教育、增進認同感，國民將會徬

徨於五花十色的多元化世界裡，喪失方向感。「皮之不存，毛將焉附」，臺灣這塊土地，與每個人的命運、情感及生命緊緊相繫，如何愛護臺灣、守護臺灣，相信是所有人的共同責任。認同臺灣本土、臺灣優先、以臺灣為主體的教育目標，在近十餘年來已逐漸成為社會的共識，因此推動本土教育課程改革有其必要性。如何運作課程改革藉以落實本土教育理想的達成，如何幫助學生習得生活化與本土化的課程內容，教導學生愛護自己生長的土地，培養在地關懷的特殊情感，建立正確的本土認同，此為本書的緣起之一。

近年來已有學者及研究生（林蘭芳，2003；林靜芬，2006；胡育仁，2000；洪雯柔，2002；陳銘凱，2005；彭鴻源，2002；黃敬忠，2006）著手進行本土教育相關議題的探究，包括：國中音樂教材本土化的教學問題，國小教師本土意識融入課程實踐的方式與反思內涵，國小社會科教科書如何處理國家認同、族群關係及本土文化的問題，教育政策本土化的時代背景與影響情形，本土化的意涵及文化本土化運動對教育的影響，國小教師的本土化概念及其運作課程情形，高中國文教科書的臺灣本土化分析及臺灣文學師資培育問題，「全球在地化」對本土課程研究的蘊義等。在專書方面，鄭正煜等（2002）在〈建構臺灣主體性的教育〉一文中，針對國民教育如何以臺灣主體性做為課程規劃的原則進行探究，並提出相關建議。黃榮村（2005）在〈超越意識型態，推動本土教育〉一文中，闡述母語教學、中文拼音系統、鄉土語言標音、歷史教科書的編寫及臺灣主體性的主張等焦點爭議。莊萬壽（2003）在《臺灣文化論：主體性之建構》一書中，探討臺灣教育主體性與本土化的議題，包括：臺灣主體性教育、本土教育改革、中文教育的本土化及鄉土教學等。綜觀目前國內本土教育相關議題的研究及專書論述，大多針對教材本土化、本土教育內涵或課程運作與教學方式等層面進行點狀式的探究，未能進行有系統、深入且全面性的釐析探討，故此成為本書緣起之二。

貳 本書目的與範圍

依據上述，本書的目的有以下五項：

一、蠡探本土教育的實踐理念及其內涵；

二、瞭解本土教育課程改革政策的興革與發展；

三、分析本土教育課程改革的重要議題；

四、歸納本土教育課程改革的問題與影響因素；

五、提出本土教育課程改革的相關建議。

因此，本書除第一章為緒論外，分成三部分加以論述。「理論探究篇」分別闡述本土教育的意涵（第二章）、本土教育的背景與發展（第三章）、本土教育課程改革的立論依據（第四章）；「教育實踐篇」分別討論本土教育的實踐理念與內涵（第五章）、本土教育課程改革政策的興革與發展（第六章）、本土教育課程改革的重要議題（第七章）；「問題與展望篇」分別尋繹本土教育課程改革的問題與影響因素（第八章）、本土教育課程改革的發展趨勢與展望（第九章）。

自1987年政治解嚴後，本土化運動從政治領域吹起改革之風，逐漸影響到社會、文化及教育等領域。就教育領域而言，鄉土教學活動、鄉土藝術活動、母語教學、鄉土語言教學、編輯《認識臺灣》教科書、設立臺灣人文學門相關系所、成立教育部本土教育委員會、推動中小學教科書本土教育內容評鑑、修訂九年一貫課程綱要等，足見課程改革已逐漸朝本土教育理想目標的實現邁進。故本書討論的範疇，就時間上來說，是指1987年政治解嚴後迄今，針對臺灣本土教育進行歷史回顧與探究。

就內容上來說，本書所指的「本土教育」乃以「本土」作為教育的基礎或核心概念，幫助學習者認識本土的歷史文化、人文社會和自然環境，藉以培養學習者解決問題，激發關懷與認同的情感，並追求自主、創新與主體的自信展現。本書所指的「臺灣本土教育」，旨在回歸教育本質，重視「以學生為中心」的教育理念，幫助學生建立適切的本土觀。由於課程是教育的核心，故「本土教育課程改革」意即探討如何運作課程改革，藉

以落實本土教育理想目標的達成。因此，課程改革的焦點在於如何幫助學生習得生活化與在地化的課程內涵，強調教師進行課程設計與實施時須摒除不當的政治意識型態，課程改革的範疇可包括：課程綱要的修訂、學科內容的設計、教科書或學習材料的編輯、學校本位課程發展及相關配套措施的制訂等。

　　最後附帶說明，由於目前國內對於國家定位、統獨意識、省籍情結及族群問題等議題存有許多爭論，尚待未來進一步調和決定，故相關的政治問題凡涉及教育領域的討論時，本書乃持審慎、客觀的態度處理，儘可能將不同的意見並陳，藉以平衡觀點、進行分析。至於一些議題背後牽扯的意識型態或不同的政治立場，不納入本書討論的範圍。

第二篇

理論探究

第二章

本土教育的意涵

壹　本土與本土化的釋義

　　以下分別闡述：本土的定義、本土與鄉土的意義、本土知識的意涵、本土化的意義與特性、本土化與全球化的辯證關係。

一、本土的定義辨析

　　關於「本土」的定義，學者專家的說法與分類相當分歧。就中文的基本字義，本土有「本鄉、本地」之意，例如《後漢書·光武帝紀》中所載：「南單于遣子入侍，奉奏詣闕。於是雲中、五原、朔方、北地、定襄、鴈門、上谷、代八郡民歸於本土。」（藍燈文化，1987，1502）

　　若從英文辭典的解釋，《遠東英漢大辭典》認為indigenous是指「土產的、本地的」；以indigenous inhabitants一詞為例，指的是「土著」，其意義與「原住民」一詞相同；indigenization則是指「本地化、本國化」之意（梁實秋，1985：1047）。另外，在韋氏大辭典（Webster's Dictionary）與牛津辭典（Oxford English Dictionary）中指出，in-digenous具有「非外來的」（imported）特性，而其字源來自拉丁字indigena，具有自然地產生、生長、生活或發生於特定的地方、區域或環境之意；indigenous與endemic、aboriginal皆意屬於一個區域（locality），其名詞與 native、vernacular同義，是指一個人所生長的特定地方或區域（引自胡育仁，2000：8；湯志民，1995a）。

一般而言，本土具有兩種特性：其一是「特殊的地域性」，指特定的一群人所居住、生活的特定區域，隨範圍界定而有本鄉、本地、本區域及本國等區別，例如吳清山（1993）、黃政傑（1995）、湯志民（1995a）、張素貞（1997）等均持此看法，認為本土即指本鄉、本地、本國故土、當地（含文化）區域等。張則周（1995）認為，本土是「自然的本土」與「人文的本土」的結合，前者包括當地的土地、山川、平原、海洋、動植物及交通等，後者則包括其歷史、社會、經濟、政治、文化及藝術等內容。陳麗華等（2003a）更進一步闡述，本土是指特定的地方、區域或環境，或產生、生長、生活的地方，就其範圍而言，則可以指一個社區、地方、國家、區域，甚至擴大至全球。

其二是「相對性」，例如陳麗華等（2003b）指出，本土會隨著情境差異而有不同的相對性意義，其情形有二：一是「相對於更大的區域」，具差序性，兩者的關係屬於「包含」，例如相對於地方，社區是本土；若相對於宇宙，全球則是本土；二是「相對於外來者」，沒有大、小之分，只有內、外之別，兩者的關係屬於「平行」，例如相對於歐美，東方是本土；若相對於西亞，東亞是本土；若相對於日韓，臺灣是本土。

此外，也有學者（如簡成熙，2002）擺脫前述地域性的定義，將本土視為某一國、某一地區的人們所共享的一些價值、信念，以及隨之成型的各種事物與制度等。

另有學者從不同層面尋繹本土的廣泛定義，例如陳昭瑛（1998：116-117）認為本土的概念有四：其一，採「地域性的觀點」，例如臺灣對於國民而言意即本土；其二，採「文化與民族的觀點」，例如相對於日本文化，本土意味著傳統中國文化在臺灣的遺產；其三，採「階級性的觀點」，本土指涉中下層的社會大眾，如農工階級的生活條件與民間文化；其四，採「社會實踐的觀點」，社會運動的具體行動是植根於堅實的土地上，意即從本土上採取行動。

吳明清（1997）亦採廣泛的定義，認為本土的內涵有三：其一，就「本土的來源」，是指一個特定群體生活所依附的時空環境，包括地理、歷史、文化、社經及民情；其二，就「本土的意識」，是指個體對於生活的脈絡產生「擁有」與「歸屬」的認知和情懷；其三，就「本土的要素」，包括瞭解生活當中的資源、問題及需求等。

綜言之，本書認為本土的定義可依其特性與範圍兩方面加以闡述（吳俊憲，2005）：

(一)本土的特性

本土的特性有三：其一「地域、範圍」，是指本土具有一定的範圍和界限；其二「自然、質樸」，是指居住在同一塊土地上的人們，其日常生活互動頻繁且息息相關；其三「相對」，是指本土對內而言，有大、小之分，對外來說，有內、外之別。

(二)本土的範圍

本土的範圍可分從「靜態的地理層面」與「動態的形塑歷程」來闡述。前者通常用來指涉本地、本鄉、本區域或本國之意，或指特定的一群人所賴以生長、生活、生存、生計的特定地方或區域，有其固定的地域、界限或範圍，本書將此視為本土的狹義定義。後者通常涉及生活於該地方的人們對於斯土斯民的各種認知、意識、情感、價值、信念、歷史及文化等，彼此間面臨共同的課題與需求，分享共同的資源，具有共同的歸屬、擁有及認同的感受等。本書認為本土的定義應兼具上述兩者，屬廣泛的定義。

二、本土與鄉土的意義闡釋

從國內的相關文獻可知，許多人在使用或解釋「鄉土」與「本土」二個名詞上出現混淆互用的現象。在意義的界定上，有人認為本土等同於鄉土；有人認為本土的範圍大於鄉土；有人認為鄉土一詞較具教育性，而本

土一詞則具有政治性。究竟鄉土的意義為何？鄉土與本土的關係為何？兩者的異同處為何？

首先討論鄉土的意義。根據《辭海》的解釋，鄉土是指家鄉或故鄉，如《列子‧天瑞》中所載：「有人去鄉土，離六親。」也可泛指地方，如《晉書‧樂志下》記載：「鄉土不同，河朔隆寒。」（夏征農，1992：4609）至於學者的觀點，鍾喜亭（1995）指出，「鄉」是一個人出生成長、親朋共居及交往的地方，「土」是人類生活的根據地，「鄉土」是人類居住生活的本鄉本土，包括文化、生活習慣及自然環境等。夏黎明（1995）認為，鄉土是人們出生的故鄉，或幼年、少年成長的地方，其概念源自傳統社會對於「家」的觀念，於是鄉土成為一個人出生或生長的生活空間，也是個人感情和生命的發源地。林瑞榮（1997：8）認為，鄉土指人們出生的故鄉，或少年時代生活的地方；也可指長期居住的地方，對該地已有特別深厚的感情並受其影響。

由上可知，鄉土的意義大多具有空間的屬性，是指個人出生或久居的地方，而這個地方通常稱為家鄉或故鄉，是生命或感情的起點。不過，夏黎明（1988）特別點出鄉土其實是一個具有高度普遍性的概念，其經驗雖得自於空間上的接觸，但其具體內涵會隨人而異；亦即透過不同個人的自我意識後，所呈現的鄉土意識和內涵亦不相同。因此，鄉土具有「相對」的特性，其範圍會適時調整、由內而外、由親而疏、由小而大。例如一個人出生在高雄縣的大寮鄉，相對於高雄縣的大樹鄉，大寮鄉就是他的鄉土；相對於臺北縣，高雄縣就是他的鄉土；相對於中國大陸，臺灣就是他的鄉土。因為鄉土具有此特性，故通常將鄉土與本土視為相同的概念。

惟有部分學者（如張素貞，1997；黃政傑，1995）認為，本土的意義範圍大於鄉土，本書亦採此觀點，因為鄉土之所以受到重視，乃是個人對於自己生命或情感起點的關切，它是源自家鄉、故鄉而後擴大其範圍，基本上所強調的是一種發自內部的、「由下而上」的關係。例如傳統民俗「車鼓陣」的表演，過去在鄉間廣場或大街小巷經常可見，許多人常認為那只是廟會慶典或結婚喜事所做的表演活動，卻不明白其意義與源起。其實在早期農業社會，由於種作收成須靠天吃飯，為了祈求雨豐穀富才有車

鼓陣表演。現今為了重視和保存這類的鄉土表演藝術活動，也讓學生認識先民的生活習俗，於是將這類題材納入課程設計與教學，甚至在校內組團訓練，迄今已有跨校、跨縣市的全國性比賽活動。

然而，本土與鄉土最大的差異，乃在於本土具有「非外來」的特性。究其受到重視的原因，大多是因為外來者在領土、經濟及文化等方面的入侵，激起當地人們覺醒和反抗的意識。例如受到外國殖民的影響，為了保存自己的文化而強調本土的重要性。又例如一個國家受到美國「好萊塢」電影工業的影響，使人們願意花大筆鈔票到電影院觀看外國電影，卻對本國自製的電影棄如敝屣。為了振興國內電影市場，也為了拍出真正可以感動人心的作品，於是有電影編劇和導演採取在地人們的生活、文化或歷史做為拍攝本土電影的題材。像是國內導演吳念真拍攝「無言的山丘」、李安的「飲食男女」等，都是這類的傑出代表作品。

三、本土知識的意涵

何謂本土知識（indigenous knowledge）？ Dei, Hall & Rosenberg（2000）在《全球脈絡下的本土知識：我們世界的多元閱讀》（Indigenous Knowledge in Global Context: Multiple Readings of Our World）一書中指出，本土知識是指一個特定的社會中人們長期互動下所孕育出的知識體系，它內含傳統規範與社會價值，形塑該社會人民的生活方式，並建構其生活知識。換言之，本土知識乃社群經驗與知識的總合，是人們面對變動的客觀世界的決策基礎，人們也是透過如斯的本土知識體系以吸收新的知識（引自王振輝，2008）。

Teasdale & Rhea（2000）認為，本土知識是指應用於特定地方的知識、具有獨特性、潛藏於文化之中。本土知識的提出，是為了連結全球與地方知識，而非將地方知識轉為全球知識。

石中英（2004）認為，本土知識與「內在發展」（endogenous development）息息相關，它具有三項特徵：其一，發展是一種綜合性的過程，而不是單方面的經濟行為或政治行為；其二，發展是一種自主的

過程；其三，發展是一種「由下而上的過程」（grass-roots process）。申言之，它是一種自主、漸進、均衡、全面及協調的發展觀，包括政治、經濟、文化及價值均具有自主性。因此，藉由本土知識可以喚醒人民的自覺，釋放人民的個體性，並激發人民的創造性力量。

要言之，本土知識對於本土人們而言，原是順乎自然的；它是指在特定的土地或社會中，人們長期的互動而產生的知識體系，包括自然與人文特性、生活方式、地理環境、歷史變遷、群己關係、甚至於族群關係及國家認同等。

四、本土化的意義與特性

「本土化」（indigenization）是許多國家或文化區域所共同關心的重要課題。然而，想要分析本土化的意義與實質內涵誠屬不易，因為蘊涵了太多複雜且深層的因素；另外，本土化亦經常被視為一種過程（process）而非已完成的結果（product）。

關於本土化的意義，學者有不同見解。廖仁義（1988）認為，本土化是一面進行本土自我的建構，一面不斷迎受外來思潮的互補結構。楊國樞（1997）在心理學本土化的學術研究過程中提出「本土契合性」一詞，意指：「由於受到同一組文化性與生物性因素的影響，研究者的研究活動及知識體系與被研究者的心理行為之間，便易於形成一種契合狀態，這樣一種當地之研究者的思想觀念與當地被研究者的心理行為之間的密切配合、貼合或契合，可以稱之為本土契合性。」游勝冠（1996：45）則採本土文學的觀點指出，本土化意即大眾化，強調關心社會大眾的生活，重視農工階級的生活與經驗；另外，本土化具有「排他性」，強調回歸本土的同時，對於反對或阻礙本土化的力量即會產生排斥。

葉啟政（1994）指出，本土化可視為彰顯主體性的反思活動，也可指涉一項具特定空間意涵之關係性的啟動式活動，指的是一個地區之自主性的追求和肯定，也是主體性的形塑和展現。楊國樞（1997）、朱瑞玲（1994）、楊中芳（1994）等主張，本土化非排外主義、孤立主義或我族

中心主義，也非反對或排斥西方理論，更不是一種復古運動。

湯志民（1995a，1995b）認為，本土化具有獨特性、地域性和多元性，是一種內化和深化的過程；此外，採教育或心理研究的觀點來看，本土化是指將思維置於當地的社會、文化及歷史脈絡中，以本土性契合為標準，並能掌握和反映本國、本鄉、本地、當地區域或地域鄉里的歷史、文化和社會特色之歷程。

胡育仁（2000：7）認為，本土化是指一個文化區域的自我意識覺醒與文化認同的積極行為，強調一切作為應根植於該區域的歷史、地理、文化、社會等情境脈絡，對於外來的知識體系予以創造轉化，以符合當地的需要。莊萬壽（2003：118）認為本土化是追求自主性、形塑主體性以及凝聚國家命運共同體的過程。戴正德（2004：203-207）認為，本土化有一種教育本質之反省的意義存在，強調一個人必須真正的認識「我是誰」的真義。王嘯（2004）指出，本土化即是一種對自己真實身分的認同。

陳麗華等（2003b）認為，本土化是一個地區追求自主性、形塑主體性，以及凝聚生命共同體的過程，在該過程中，該地區住民的意識覺醒，積極尋求自我定位與認同的實踐行動。洪雯柔（2003）認為，本土化是強調本土族群與地方對本土傳統的重振與發揚，它容納了一般以本土原住民族為主角的本土化，及以地方為主角的地方化。

綜合上述，本書認為本土化的意義與特性可從下列四個方面加以闡述：

㈠本土化的興起及影響因素

一個國家或文化區域的本土化議題之所以興起，除了受到其內部的歷史背景及情境脈絡等因素影響外，也經常受到外部因素帶來一些衝突和激盪，例如土地殖民、經濟殖民及文化殖民等。簡言之，本土化的相關議題，在許多國家或文化區域都會發生且受到關切，其原因大多是受到外來力量的改變，在內部蘊釀一段時日並蓄積力量後，便具體地反映到各種層面的「本土化運動」推展上，例如政治本土化、社會本土化、文化本土化、經濟本土化及教育本土化等。以文化本土化為例，當一國受到外來文

化的衝擊，本土文化會受到壓抑而沈潛，其後便興起文化本土化運動的倡導，再經過一段時間的調適與激盪後，則會創造出新的、更成熟的本土文化。

以第三世界國家為例，其提倡本土化的原因，在於反省和抵制歐美強勢國家在經濟和文化等方面所帶來的衝擊；以加拿大的社會科學（social science）研究為例，其重視本土化的原因是為求擺脫傳統歐洲的社會科學思考模式，希望從當地的社會、文化及生活脈絡做為出發點，建立自己的思想體系（胡育仁，2000：9）。若以國內為例，1990年代的社會科學研究，葉啟政（1994）、楊國樞（1997）、朱瑞玲（1994）、楊中芳（1994）等人基於對中國知識體系過度西方化的結果自我反省，於是倡導心理學研究的本土化運動。

(二)本土化的具體內涵

本土化的一切作為和措施，乃強調本土所在的歷史、地理、文化、社會、經濟及政治等情境脈絡，以契合本土的自然需求與自主發展（陳麗華等，2003b）。因此，本土化的內涵即以本國、本鄉、本地或本區域做為範圍，鼓勵該國、該鄉、該地或該區域的住民必須關心其歷史、地理、文化、教育、社會、生活、生態、經濟、政治等情境脈絡的變遷及各項活動的發展。此外，由於本土所處的環境脈絡並非一封閉系統，必須與外來的人、事、物產生頻繁互動，故須尋求一發展性的平衡點，其間的關聯性便自然地成為本土化的重要內涵。具體而言，其內涵經常關切的議題有：原住民問題、族群問題、文化主體性問題、身分認同問題、民族或國族認同問題、殖民影響問題、大眾生活問題及各項地方性的民生問題等。

(三)本土化的目的

本土化不是偏狹的、劃地自限式的地域觀。其主要目的在於激發個體追求自主性與主體性，掌握並符合當地的文化與社會需求以獲得本土知識，然後希冀能建構出一個具有多元、豐富、尊重且包容的世界。細言之，有下列兩項主要目的：

1.彰顯主體

本土化可視為一種「反對一元」、「反對中心」及「反對霸權」的批判性論述；其目的在於解構原有的主流文化或外來的強勢文化，重新建構人們對於本土的認同及主體意識。不過，這個歷經重構的主體，實則與舊有的文化內涵有所差異，這是因為本土和外來文化兩者間已產生某種程度的關聯性。誠如陳麗華等（2003b）指出，在外來與本土族群關係的經營上，提倡本土化的目的乃是強調住民生命共同體的凝聚、各族群平等及多元融合，企圖發展出健康的族群連帶關係和新的族群共識，而非狹隘地豎立起「排他」的族群意識。

2.追求多元

本土化強調獨特性與個別性，主張反映當地的歷史、文化及社會特徵，但其目的並非走向排外主義、國粹主義、孤立主義或自我優越心態，而在於培養國人具有多元文化觀的認知與能力（胡育仁，2000：11）。因為本土化在面對外來的文化或事物時，不能只是排斥外來，反而應該避免狹隘的地域觀念、過度膨脹的自我中心及盲目的排外主義；意即希望以符合當地的文化、社會需求做為出發點，進一步對於外來文化予以理解、吸收、調適、融合、轉化及創新。

(四)本土化的特性

關於本土化的特性，大致包括：自然性、相對性、草根性、批判性、多元性、脈絡性、主體性、認同性、實踐性、外展性及回溯性等，茲分別說明如下（胡育仁，2000；陳麗華等，2003b）：

1.自然性

本土化是無需刻意強調的，因其與人們的日常生活密切相關，符合自然的需求。

2.相對性

本土化通常具有兩種相對的意涵，其一是相對於更大的區域，另一是相對於外來者。

3.草根性

本土化乃源於草根性，主張「由下而上」的發展，反對「由上而下」的推動。

4.批判性

對來自政治、經濟、社會、文化、學術及知識等領域的殖民主義，進行批判與省思。

5.多元性

本土化主張反中心、反霸權、反一元的觀點，重視局部的、地方的及多元的觀點。

6.脈絡性

本土化強調與社會脈絡契合，並能符應時代變遷的趨勢。

7.主體性

本土化強調與外來文化接觸時應維持平衡關係，彼此互動、涵化，然後產生轉化和創造化。

8.認同性

本土化在情意方面，強調住民對該區域或國家具有的共同的情感歸屬和認同感。

9.實踐性

本土化在行動上，乃從自我認同到社會適應，再到社會改造的行動過程。

10.外展性

本土化在概念上主張由本土向外逐漸開展，重視本土與世界的互動關係，及其在世界扮演的角色和定位。

11.回溯性

本土化主張由近而遠，再由遠回到近，以便能更客觀、更清晰地瞭解本土。

五、本土化與全球化的辯證關係

「本土化與全球化是兩個相對的概念嗎？」源於這樣的問題，有必要對兩者的關係進行比較、分析及辯證。前述已討論本土化的意涵與特性，故在此不再重複闡述。至於全球化的興起，主要源自下列三項影響因素：其一是民族國家觀念的式微；其二是經濟自由化的衝擊；其三則是通訊科技的發展與普及（黃富順，2003）。促使全世界逐漸形成「地球村」、「天涯若比鄰」的現象，彷彿各國的人們同處於一個世界體系下，面臨政治、經濟、社會及文化等相同的課題，建立起彼此間猶如「牽一髮而動全身」的關係，互利共生且相互影響。誠如Robertson（1992）指出，全球化做為一種概念，它指涉了世界可透過壓縮和增強作用，促使世界成為一個整體，以凝聚20世紀全球互賴與整體一致的意識。

表面看來，本土化與全球化似乎是兩條相對的平行線，無法產生交會。但陳麗華（2005）指出，本土化與全球化雖是兩條各自前進的發展路線，但時而會有互相牽制消長的衝突現象，時而也會有交會互補的統合效益，兩者的關係如同「正」、「反」、「合」的辯證關係。林志鴻、呂建德（2001）及劉鎮寧（2004）也認為，全球化與本土化兩者進行著鑲嵌和辯證式的交融，而全球化的發生即是以本土化的形式加以展現。因此，倘若一個國家過度強調本土化而自外於國際社會，則會產生孤立無援的危機；相反的，若是太偏重全球化，則容易喪失自身的獨特性，使國民的認同感消失（莊坤良，2001）。要言之，透過辯證討論，在消極面有助於弭除兩者緊張、對立的關係，在積極面則能促進相互間的激盪，並創造出新的關係。

Robertson（1992）曾提出一個新名詞「全球在地化」（glocalization），意即為了因應不同地方的特殊文化，而將原本全球化商品改造成為在地化。例如麥當勞（McDonald's）的速食產品引進國內後，為了讓人們容易接受，在製作上融合本土的口味和作法，於是開始販售「米漢堡」、「照燒豬肉堡」等產品。Robertson將「global」與

「local」巧妙地結合，使兩者產生互為主體的依賴關係，並在相互建構下產生新的意涵，造就了「一加一大於二」的新詮釋，也加強其原有的意義深度和廣度。林耀盛（1997）、胡育仁（2000：11-12）亦指出，本土化是人類文明朝向全球化之歷史軌跡中不可或缺的一環。因此，本土化的概念並非指涉實質空間的區域定位，而是一個浮動的疆界，是在「本土全球」的趨勢下建構「全球本土」的文化生命史的生機。

至於本土化與全球化的接觸是否產生衝突？郭至和（2004）指出，以國內的情形來看，兩者的接觸並未造成嚴重的文化衝突，因為全球化的倡導並無造成「去本土化」的現象；相反的，更激起國人對本土化的重視。綜言之，本書認為本土化與全球化的關係並非完全呈現對立、平行，在「全球思考，在地行動」（think globally, act locally）的觀念影響下，兩者的關係既是相互依賴又能獨立自主，是一體兩面的，在強調接軌全球化的同時，也著重於展現本土文化的特性。

貳　本土教育的意義與內涵

見諸國內外文獻，目前對於「本土教育」（indigenous education）的意涵尚未有一個明確的定義，加上受到不同國家所處的文化或歷史脈絡影響下，對其意義詮釋更是眾說紛云。以下先闡述國外本土教育的意涵與發展概況，其次討論國內本土教育的意涵及相關概念釐析。

一、國外本土教育的意涵

㈠歐美等先進國家

在歐美等先進國家，由於擁有經濟繁榮、科技資訊發達等優勢條件，在學校裡教導學生認識自己國家的歷史、地理、文化、社會、生活、生態、政治及經濟等各領域的知識，原是一件發乎自然的事。例如美國的歷史科課程，會教導學生瞭解英國殖民時期、獨立建國時期、西部拓荒時期迄近代的歷史演進與重要的歷史人物功蹟；在地理科課程則會教導學生認

識自然生態、地理及氣候等。誠如黃榮村（2005：160）指出，雖然美國從英國殖民下獨立，但史地課程並未因此迴避英國史地和文化傳統，反而將之視為一共同的資產。

不過，這些國家真正在看待「本土教育」時，大多指涉的是一種「原住民教育」，是針對國內少數民族或團體所進行的一種教育計畫。以美國為例，本土教育是指印第安人的教育計畫；以澳洲和紐西蘭為例，則是指毛利人的教育計畫。這些國家規劃及推動本土教育，其內容是將少數民族或團體的本土知識納入學校課程，其目的在促使主流與非主流教育間產生文化融合及相互理解。

另外，語言是人類重要的溝通工具，卻經常成為文化宰制和壓抑的工具。例如美國境內約有175餘種不同的原住民語言，受到全球化及英語學習的影響，使許多原住民族的語言與文化保存面臨危機。有鑑於此，多年來已陸續鼓勵學校推動雙語教育學習。只是面對現實問題，許多原住民學生在校運用英語學習卻未能有效提升學業成就，必須進行補救教學。因此，近年來已將改革焦點置於原住民母語發展與學業成就的關聯性課題上進行探究和討論。

Rami'rez曾針對12,000名美國學生進行研究，結果發現以母語做為第一學習語言的班級，學生在考試項目中的表現優於課堂上全講英語的班級，而且這些學生在長期雙語教育下，其成就高於一般的學習者。Thomas & Collier的研究發現，四至七年級提倡母語教育與學業成就有正相關。Lipka等人的研究也指出，學生的學習與課程內容安排若能符應當地語言與知識脈絡，有助於提升學業成就，並能增進原住民學生在認同、語言及文化等方面的發展（引自McCarty, 2003）。McCarty（2003）針對美國雙語教育深入探究後呼籲，必須在教育政策上深切檢討，並加強原住民族語言和文化的保存。研究指出，隨著全球化的重視和母語學習的忽視，越來越多原住民學生在進入學校後直接改說英語，結果竟無助於提升學業成就；相反的，若能鼓勵學生先學好母語，認識自身的文化並產生認同感，然後再學習英語，如此一來，反而有助於提升學習成效。

再以澳洲的本土教育為例，1999年政府公布新的課程架構，並預計在

2004年完成全面的課程改革。該課程架構的關鍵原則之一，在於發展本土知識的「再現」（representation），希望讓澳洲境內各種族群或團體的本土知識都被視為重要的資產，且均納入課程，教導學生加以理解和學習（Forrest, 2000）。學者Ninnes（2000）曾針對澳洲的科學教科書（中學教育階段）進行內容分析，結果發現教科書內容已逐漸重視本土知識的再現，並在學校課程內容中納入少數族群或團體的傳統文化知識。此外，澳洲的Melbourne大學於1998年底成立「本土教育中心」（Center for Indigenous Education），致力於探究國內本土教育相關議題，並適時向政府提出各項改革建議。

㈡第三世界國家

　　曾遭受歐美強國殖民，在19世紀相繼獨立建國的「第三世界國家」，其本土教育內涵與上述歐美、澳紐等國則有相當大的差異。一方面，這些國家亟欲擺脫殖民宗主國在經濟、社會、政治、文化及教育等方面的控制，另一方面卻又受其牽制，產生「剪不斷、理還亂」的關係。例如殖民教育的結果，使學生的學習內容脫離所處的真實世界，那是一種「去脈絡化」的教育內容，如此一來，如何培養學生具有自主學習和價值判斷的能力？於是，本土教育受到重視和倡導。以下舉例說明印度與非洲國家（以坦尚尼亞及肯亞為例）的情形：

1.印度

　　印度曾長期受到英國的殖民統治，其教育系統管理與課程內容，自然受到英國很大的影響。Sarangapani（2003）致力於探討印度學校的正式課程、本土知識與教學傳統間的關聯性，並進行學校與家鄉的課程研究，推動學校課程改革。根據研究指出，目前印度的學校課程內容，與學習者的生活世界（指家鄉及社區生活）存在著界限、矛盾和距離，那種關係是不連續的、相互疏遠的。之所以如此，乃因學校教育長期受到英國殖民統治的影響所致。

　　Sarangapani（2003）指出，近年來印度政府在教育政策方面進行課程改革，例如在2000年制訂「國家課程架構」，並思考如何在學校課程中納

入本土知識。新的課程目標希望學校課程內容更貼近學生的生活世界，並建議納入印度傳統的遊戲、笑話、謎語、童話故事、歌謠及舞蹈等，讓學生有「在家的感覺」（home-feeling），藉以銜接殖民教育所造成的鴻溝。另外，課程改革的目的之一在於發展人們具有價值判斷和溝通能力，促使學習者理解課程內容是誰選擇的知識？哪些知識被納入課程中？以及這些知識如何呈現？

2.非洲國家

非洲有超過800種以上的語言，由於生活環境迥異，也形成多種文化差異。另外，非洲長期受到歐洲國家的殖民，其教育一直深受殖民國家的控制。以非洲的音樂教育為例，原本存有許多傳統的部落音樂與舞蹈的表現型態，惟受到殖民的影響已產生改變。誠如Abrokwaa（1999）指出，非洲在15世紀開始受到殖民，迄19世紀更有來自歐洲的大規模殖民，於是逐漸改變了非洲傳統的音樂、樂器、音樂型態及歌曲文本等，被吉他、小提琴及鋼琴等取而代之。

Mosha（1999）認為，對非洲國家而言，本土教育是指人們生活經驗的整體，其包括二方面的教育內容：其一是活動與生活的教育，其二是資訊（information）與智慧的教育。本土教育計畫強調整體性，由家庭、學校及社區合作提出，其計畫目標有三：其一，啟迪每一位生活在本土的人們的心和靈，幫助學習者能深思、反省、洞察及直觀內心；其二，本土教育的內容取向，必須是共同的經驗，那是深植人們心中的、受到喜愛的；其三，透過教育形塑個人的習慣、行為及態度，並發展其道德和智識的能力。

Mosha（1999）研究東非坦尚尼亞的Chagga族，在其本土知識與教育系統中發現，Chagga族的世界觀（worldview）是植基於本土知識與全部生活經驗的連結，Chagga族相信永恆預言的奧秘，認為萬事萬物都有存在的道理，其中的奧秘是豐富、難解的，但影響人們的生活甚鉅；其本土知識即源自宗教信仰與奧秘，認為人類和宇宙和諧乃繫於人類的道德生活，必須追求自主、審思、誠實、認真工作及勇氣等價值觀，其經常見諸Chagga族的故事、格言、俗諺及成語中。

此外，Mosha（1999）也探究Chagga族如何教育孩子、形成學習概念，包括：何謂Chagga族的本土教育？Chagga族的本土知識為何？深究Chagga族的本土教育系統的內容及運作方式，Chagga族致力於培養學習者具有「ipvunda」的概念，這是Chagga族的一種獨特語言，意即在教學、智識及道德層面用以塑造一個人的歷程，除了知識和技能的學習，也包括精神與道德方面的形塑，蘊涵生活智慧的學習及智識的啟蒙。

再以非洲肯亞的本土教育為例。Faith（2003）的研究指出，英國於1844-1888年在肯亞成立殖民政府，導入教會式的教育型態和西方教育內容，其目的在於教導當地人民具有基本的識字能力，課程內容大多是閱讀聖經，極少考量或納入當地的文化價值。

肯亞在1963年獨立後進入後殖民主義時期。受到長期殖民的影響，獨立後的學校課程仍難以恢復傳統的文化價值，尤其在語言、傳統技能、價值及信仰等方面，課程似乎間接地成為一種文化異化的工具，例如英語仍是教學的主要媒介，教科書內容仍常見莎士比亞文學。因此，當務之急必須面對與解決的問題有：決定學校課程發展的基礎在哪裡？如何在課程中納入當地的文化價值並予以整合？如何幫助學生瞭解「我是誰？來自何處？為何在此？何去何從？」（Faith, 2003）。

Faith（2003）進一步指出，肯亞倡導的本土教育是一種「去殖民」的教育改革，乃是為了擺脫殖民控制，並尋求身分認同。其教育目標在於培養個人具有獨立、自信及追求成就，以符合學習者在身體、情緒及心理方面的發展階段。例如1976年出版的《加卡西報告書》（Gachathi Report），提及新課程致力於增進學生對非洲文化的認同與價值感受，重視學生生活經驗而非書本上的知識，也強調學習者的文化和社會經驗。之後，在1985年再次推動教育系統改革（Mule, 1999）。

歸納肯亞所推動的本土教育改革，其目的有二：其一是教導學生認識自己與生存的世界，因此課程內容強調文化認同、反映本土文化的需求；其二在於發展本土的課程模式，積極發展社區生活取向的課程內涵，使課程與學生的社區生活產生連結。不過見諸相關研究（如Faith, 2003; Mule, 1999）發現，許多本土教育目標尚未達成，例如未能適當地將本土文化價

值整合納入課程中，也未能及時反映學習者的文化及社會需求，甚至在語言教育方面，實際上仍多以英語做為語言溝通的重要媒介，無法完全脫離殖民的影響。

二、國內本土教育的意涵

(一)本土教育的意義

　　國內學者對於本土教育的闡釋相當紛歧。黃政傑（1995）、張素貞（1997）認為本土教育是以「本土」做為教育的中心，教育的一切措施應符合本土的狀況和需求，在推動時必須以鄉土為基礎，以發展合乎本土的教育特色，建立完善的本土教育制度，培養本土所需要的人才。張則周（1995）認為本土教育是將教育權力下放到地方層級，然後透過家庭、學校及社會，根據社區環境設計或選擇生動活潑又具整合性的教材教法。朱臺翔（1995）認為本土教育必須有自己的教育哲學，並能運用這塊土地上特別的教育方法。戴正德（2004）則認為本土教育的目的在建立一個國家的精神與發展方向，亦即強調主體性。

　　湯志民（1995a）認為本土教育是引導學生對其本國、本鄉、本地、當地區域或地域鄉里等生活空間的歷史文化、人文社會和自然環境，進行價值澄清與培養鄉土情懷之歷程。吳明清（1997）則認為，本土教育是基於自身的資源、問題及需求而實施的教育，意即從歸屬的地理、歷史、文化、社經及民情等交織而成的生活脈絡結構中，去發現問題、確定需求及尋求資源，然後充分反映於教育活動中，並運用教育活動以解決問題、滿足需求。

　　綜合上述，本土教育的意涵可分就狹義與廣義加以闡述（吳俊憲，2005）：

1.狹義的本土教育

　　是指以「本土」做為教育的基礎或核心，幫助學習者認識自己所居住或生活的本鄉、本地、本區域、本國，其範圍包括地理、歷史、文化、社會、族群及生活，也包括其間的各項活動、脈絡及變遷等。

2.廣義的本土教育

是即尋繹屬於本土獨特的教育模式，發展本土人們所擁有的意識、知識、認同及主體，然後形成一種新的教育認同與教育實踐；其目的乃在：培養學習者解決本土生活中的各種問題；激發其對於本鄉、本地、本區域、本國的關懷與愛護；鼓勵其勇於追求自主性、創新性與主體性的自信展現。

(二)本土教育、鄉土教育與全球教育的關聯性

理解本土教育後，有必要進一步釐析其與鄉土教育及全球教育間的關聯性。

首先是本土教育與鄉土教育的關聯性。本書曾提及鄉土的定義大多繫於「空間」的特性，是指個人出生或久居的地方，也是其生命或感情的起點，通稱為家鄉或故鄉。因此，鄉土教育可解釋為教導學生認識家鄉或故鄉的教育內容，誠如林瑞榮（1997：14）定義：「鄉土教育在使學生認識自己生長或長期居住的鄉土，使其認同鄉土並願意加以改善」。不過，也有學者認為鄉土教育是一種人格教育、生活教育、民族精神教育及世界觀教育，例如歐用生（1995a）定義：「鄉土教育以兒童為起點，使兒童在學習鄉土語言、歷史、地理、環境和文化中，肯定自己，認同鄉土；由愛家、愛鄉、進而愛國；並且發展多元文化觀和世界觀。」

本書暫不深究鄉土教育的意涵，但比較兩者的差異，由於本書持「本土的意義範圍大於鄉土」的觀點，故鄉土教育可視為實踐本土教育的基礎與途徑（黃政傑，1995）。鄉土教育是教導學生認識自己的生長環境，包括其本鄉的地理要素（如地形、河流、氣象、天文、民情、風俗、習慣、制度及產業等）、自然景觀（如動物、植物及礦物等）、人類物質的進化、土地開發的起源與發展、各種鄉土的傳說、社會法制及生活習俗等，以培養學習者具有愛家心、愛鄉心及愛國心。而本土教育則是以本土做為教育的中心，舉凡教育內容、教育措施、教育方針及教育目標等均應符應本土的現況與需求。要言之，鄉土教育的目標在於促使學生知鄉土、愛鄉土，進而建構永續發展的鄉土；而本土教育的推動乃以鄉土做為基礎，

規劃適合本土需求的教育內容，發展本土化的教育特色，建立完善的本土教育制度，以培養本土所需要的人才做為教育目標（張素貞，1997；戴正德，2004）。

其次討論本土教育與全球教育（global education）的關聯性。受到全球化的影響，全球性的議題日益受到世界各國重視，在教育領域方面開始興起有關環境污染、能源短缺、人權教育、性別平等及教科書文化等課題。以人權教育為例，1948年聯合國發表《世界人權宣言》後，便日漸受到各國加以重視和倡導。之後，聯合國通過議案將1995至2004年訂為「人權教育十年」。再以環境教育為例，1972年聯合國在「人類環境會議」中發表《人類宣言》，促使人們關切環境教育，而後在「世界環境與發展委員會」發布《我們共同的未來》，並於1992年舉行的地球高峰會提出《21世紀議程》，不斷地強調環境教育應成為世界公民所必備的通識及應有的責任（教育部，2003）。

因此，全球教育可理解成：為了回應當前全球化趨勢或世界性議題所提出的一種教育觀取向，其目的在於培養人們具有全球意識，形塑全球公民社會，以增進跨國界的溝通和理解（顏佩如，2004）。倘詳加分析九年一貫課程改革，亦可見部分內涵是受到全球教育影響下的主張，例如基本理念之一在於培養學習者具備「鄉土與國際意識」（包括鄉土情、愛國心、世界觀），在課程目標中亦訂定「促進文化學習與國際瞭解」（教育部，2003）。

前述曾提及本土化與全球化間的關係是一體兩面。基於此，全球教育的目標在促使全球人們意識到身為世界公民的責任，必須培養世界觀的視野與胸襟，並能和睦共處，並非朝向教育內容的單一化及同質化。意即在追求接軌全球化的同時，也重視如何將不同的本土文化及其獨特性融入教育，以展現文化的多樣性。

綜合上述，鄉土教育、本土教育及全球教育三者的關係如下圖1所示，三者彼此相關，又具階層關係，層層向上遞疊形同螺旋型。最底層是「鄉土教育」，中間層是「本土教育」，最上層是「全球教育」。此關係圖的意涵有三：首先，鄉土教育乃是實踐本土教育的基礎與途逕；其次，

發展本土教育的獨特模式，確立本土教育的認知與主體，使居於其上的人們產生本土的情懷與愛護；最後，從時間動線和空間結構上逐步向外延伸，以尋求接軌全球教育，培養受教者具有「全球思維，本土行動」的觀念。

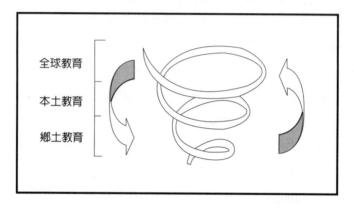

圖1　鄉土教育、本土教育及全球教育的關係圖

資料來源：本書自行整理。

第三章

本土教育的背景與發展

壹 本土化運動的歷史演進

　　戴正德（2004：171）曾根據人類學家林登（R. Linton）的看法指出，本土化運動是一種文化運動、社會運動或政治運動，其源自本土價值受到外來文化的衝擊而有消失之殆，當人們感受到自己的根快要被斬斷，為了搶救本土認同及保存文化命脈所做的一種努力。

　　談及臺灣本土化運動的發展，陳昭瑛（1998：103-165）在《臺灣文學與本土化運動》一書中，將本土化運動歸納為三個歷史發展階段：反日、反西化及反中國。惟本書認為，此乃依據臺灣文學的發展脈絡所採取的劃分方式，未必契合真實的歷史演進。因此，本書參酌本土化運動的重要概念、影響事件及年代順序，歸納出下列三個階段：蟄伏期、萌芽期及發展期。各階段間並非截然劃分、毫不相關，有時在某些概念及事件上仍可能出現重疊、類似或相關的情形，彼此互相牽連影響。茲分述如下：

一、本土化運動的蟄伏期：1895-1944年

　　1895年中國在甲午戰敗後，不顧及人民的意見，在馬關條約中將臺灣割予日本統治，從此進入長達50年的日本殖民時期。一方面為表示對滿清

政府不尊重臺灣人民的權益，另一方面為對日本抗爭，唐景崧與丘逢甲等人共同成立「臺灣民主國」，只是旋即在日本強大的武力壓制下消滅殆盡。直到1920年後，一些受過近代教育的知識份子自覺臺灣是臺灣人民所擁有的，在民族意識的號召下，成立一群又一群有組織性、計畫性的抗日團體，並展開各項抗日活動。其後為擴大影響力，陸續創辦各種雜誌、刊物及團體，且紛紛冠上「臺灣」為名，例如《臺灣青年》（1920年創刊）、《臺灣文藝》、臺灣文化協會（1921年成立）、臺灣民眾黨及臺灣文藝聯盟等，一時之間使得「臺灣」儼然成為抗日、反日，追求民族解放、社會平等與文化進步的意義符號（陳昭瑛，1998；游勝冠，1996；Lin, 2003）。

此階段的本土化運動，其興起原因有二：其一是受到日本在政治、經濟及社會等方面實施高壓的殖民統治；其二是日本殖民後期對臺灣人民實施「皇民化教育」的結果。臺灣人民在飽受壓迫與壓抑的情形下，於是激發出一種命運共同體的相同感受，促使臺灣人民在本能上對於這塊土生土長的土地付予更多的關愛意識。不過，此時多數的臺灣人民所認同的「本土」，在概念上乃指相對於日本文化的漢民族文化與中國文化，其推展本土化運動的目的，在於認定臺灣是中國的一部分之前提下，期望有朝一日能重回中國的懷抱（陳昭瑛，1998；游勝冠，1996）。

二、本土化運動的萌芽期：1945-1986年

1945年臺灣光復，陳儀銜令在臺灣設立「行政長官公署」，卻以征服者與殖民者的姿態剝削人民的財產和資源，其後加上與人民在語言、生活及習俗等方面溝通不良，終而引發省籍與族群衝突（江宜樺，1998：2）。在1947年2月27日晚上，公賣局緝私員毆打一位販賣私煙的老婦人，接連槍殺圍觀的路人，故點燃臺灣社會蓄積已久的怒火，在各地陸續激起自發性的抗爭活動，後來雖由地方民意代表與士紳組成「二二八事件處理委員會」居中斡旋處理，但最後國民政府仍派遣軍隊進行捕殺和鎮壓，結果許多人死於非命，尤其一些社會菁英份子幾乎犧牲殆盡，此即後人所謂

「二二八事件」的梗概。

　　游勝冠（1996）指出，1949年國民政府移轉來臺後，一些主張西化派人士亦跟隨之，使得生長於臺灣的知識份子產生文化保存的危機感。1950年政府頒行「檢肅匪諜條例」，實施抓臺獨與匪諜人士的高壓統治政策，迫使人際間充斥著猜忌和不信任，進入「白色恐怖時期」。此時全國瀰漫在官方意識型態的統治下，「愛國」、「反共」及「懷鄉」成為口號與主流意識。

　　六〇年代的臺灣受到美國與日本等資本國家的影響，開始步向工業化與現代化，經濟方面呈現繁榮景象，促使越來越多人能接受教育。七〇年代後，許多知識份子致力倡導「反西化」，以促使人們重新關注自己生長的土地及生活經驗，於是紛紛創立具有本土性的文學刊物，例如胡秋原在1963年創刊《中華雜誌》，成為當時反西化的重要論壇之一，1964年吳濁流創刊《臺灣文藝》，1966年尉天驄等人創刊《文學季刊》等。影響所及，培養出許多鄉土文學作家，更締造了臺灣鄉土文學的興盛時期。不過，臺灣「本土」的文學論述仍尚未出現。1977年葉石濤發表〈臺灣鄉土文學史導論〉，隨後引發臺灣文學與鄉土文學的論戰。直到1983年葉石濤再度發表〈沒有土地，哪有文學〉，1984年宋冬陽發表〈現階段臺灣文學本土化的問題〉，從此方確立臺灣文學的地位，也逐漸取代鄉土文學（游勝冠，1996）。

　　1970年臺灣與日本發生保護釣魚臺列嶼事件，引發知識份子熱烈參與社會運動，激起人民的民族意識，也使得臺灣的定位成為當時國際上的重大討論議題（陳昭瑛，1998）。之後，臺灣開始在國際外交上遭逢挫折，包括：1971年退出聯合國及美國總統訪問中國，1972年與美國斷交，1977年發生「中壢事件」，1979年發生「美麗島事件」。

　　綜上可知，此階段本土化運動的興起主要受到兩方面的影響因素：

(一)政治方面的影響

　　國民政府甫移轉來臺，為尋求政權鞏固與正當性，乃大量引進中國意識及傳統文化做為主流，並實施高壓統治，不料卻引發抗爭並爆發二二八

事件，為日後社會帶來深遠影響，例如：為求不違抗統治者意志及安全自保，使人民性格受到扭曲；人民對政治產生恐懼，對社會充滿失望；造成長期的省籍分裂與族群矛盾；流亡人士在海外推動臺灣獨立運動（李筱峰，2002：88-92）。倘若從支持臺灣獨立一派的立場來看，主張反中國意識與國民政府的統治，則臺灣獨立運動可視為本土化運動。此派人士認為，臺灣四百年來歷經移民與外來政權統治，在歷次反抗運動中早已孕育獨特的海島文化，雖與中國有部分重疊淵源，但在歷史發展及文化型態上均與中國大陸有別，已自成一獨立完整的命運共同體。但有另一派人士持相反意見，反對賦予臺灣獨立運動任何僭稱「本土化」的正當性，認為臺獨論者乃企圖將臺灣從中國這個母體割裂出去，這是違反本土化精神的（江宜樺，1998：145-151）。直至八〇年代初期，由於臺灣在國際外交上遭逢挫折，加上政治上發生幾次大變動，激起執政當局與人民深切反省，於是開始有人主張讓臺灣人民擁有決定權，希望藉此找到臺灣在國際地位應有的地位與尊嚴，政治本土化運動於焉興起。

㈡西方文化的影響

六〇及七〇年代在文學上逐漸有學者與文學作家針對西方文化的大舉入侵進行反省，開始重視文學創作內容的焦點應置於地方性的鄉土文學。其後到了八〇年代中期興起文學上的論戰，迄九〇年代初期方確立臺灣本土文學的地位。

三、本土化運動的發展期：1987年-迄今

1987年政府宣布解嚴，政治與社會在長期的壓抑下獲得解放，蓄積已久的社會力量開始爆發開來，隨著自由化與民主化的浪潮席捲，亦掀起一股支持臺灣獨立的風潮。例如1989年鄭南榕為堅持臺灣獨立與言論自由而拒捕自焚，1991年民進黨正式通過「臺獨黨綱」，1992年政府宣布終止動員戡亂時期並修正刑法第100條的判亂罪。接著，1996年通過人民直接選舉總統的法案，李登輝先生成為臺灣首任的民選總統；其後，出身臺灣

籍、民進黨的陳水扁先生在2000及2004年連續當選總統。

在政治本土化運動的影響下，為加強推動社會自由化及政治民主化的改革，李登輝主張由「中國認同」轉向倡導「生命共同體」、「中華民國在臺灣」，由「中國意識」轉向「臺灣意識」，藉以思考臺灣未來的走向和定位，也順勢推動各項具體措施，例如立法保障人民有集會和結社的自由，以及人民直選總統等（Lin, 2003）。

後來李登輝在1998年提出「新臺灣人」（new Taiwanese）的觀念，揭櫫「新臺灣人」的使命在於凝聚共識，發揮不認輸、不怕苦的臺灣精神，為後代子孫創造光明的遠景（李登輝，2005：35）；其內涵乃指「居住在臺灣，把臺灣看成家鄉的人，不論來臺先後都是新臺灣人」（戴正德，2004：31）。不過，李登輝指出新臺灣人的主張在2000年政黨輪替前就已逐漸被淡忘，甚至淪為選舉候選人的口號，而無實際行動以展現對臺灣的認同。於是他在2005年再度提出「新時代臺灣人」的觀點，認為應該以認同這塊土地、維護臺灣優先及認同民主價值等概念來界定何謂「新時代臺灣人」；其定義為：「激發國民內心的覺醒，產生對這一塊土地的責任感，凝聚為共同福祉奮鬥的信心和意志」（李登輝，2005：56-66）。順著這股影響力，陳水扁在當選總統後，大力提倡以臺灣為主體性的國家認同，從「新文化論述」、制憲及正名運動等議題即可見一斑。

由此可知，臺灣的本土化運動乃自解嚴後獲得長足的發展，尤其在政治上產生變動，不但引領社會各方面朝本土化轉型，也更促使人民體認到臺灣是擁有主權的個體，激發其主體意識的覺醒並致力於建立主體性。

貳 本土教育的發展概況

本土教育通常是一個國家或文化區域推動本土化運動的重要一環，有其淵源背景及影響因素。由於政治及社會本土化運動的影響，帶動國內各項教育本土化的改革。本書分下列三個階段闡述其發展概況：蘊釀期、計畫期及發展期（李園會，1984；何清欽，1980；耿志華，1995；馬寶蓮，1997；張建成，2000；黃玉冠，1994；黃宣範，1993；詹茜如，1993；鄧

運林，1995）：

一、蘊釀期

此時期的本土教育性質傾向「反殖民性」。日本在19世紀末受到西方鄉土教育思潮的影響，始重視在初等教育階段實施鄉土地理和歷史教學，但此乃針對日本人為對象所實施的教育，對臺灣人民實施的殖民教育並無此類課程。迄1920年代前後，由於若干知識份子展開抗日的反殖民運動，大力鼓吹臺灣意識，於是迫使日本政府決定對臺灣人民實施鄉土教育；惟表面上雖名為「鄉土」，骨子裡卻實施以日本為祖國的教育內容，其目的在於切斷臺灣與中國的血緣歷史與文化關係，強化對日本的認同。1937年左右，日本實施「皇民化教育」，嚴禁任何帶有中國色彩的文化傳統，尤其不容許人民發展地方文化。

要言之，受日本殖民統治的影響，臺灣人民所接受的教育內容大多是生活與工作所需的基本知能，包括讀、寫、算數、機械操作、簡單的科學知識及良好的工作倫理等，教育目的在於教導人民對日本忠誠、尊崇日本天皇，成為日本的二級公民。例如日本在1898年設置「共同學則」（Common School Regulations），教導臺灣人民學習日本語、工作倫理和實用知識等，小學一至六年的課程包括倫理、日本語、基礎中文、算數、音樂及體育等。其後雖然也有教導一些基礎中文，但是課程內容仍多以教導讀、寫日本語為主，即使教導儒家的倫理觀，也以呈顯日本的理念為主（Lin, 2003）。此外，在抗日情結下，雖然激起知識份子提倡臺灣意識與關懷鄉土的教學內容，但所指涉的本土教育乃相對於日本而言，其目的實則在認同中國。

二、計畫期

此時期的本土教育性質傾向「反省性」，開始出現相關的教育計畫。國民政府移轉來臺後，為求鞏固政權，乃運用民族主義意識加以合法化，

並以孫中山先生的三民主義政治哲學做為教育基礎內容。教育目標在於教導人民成為中國人，因此學校重視教導學生認識中國的歷史和地理，藉以培養學生的愛國情操；教育內容上則是教導中國傳統文化重視的「八德目」：忠、孝、仁、愛、信、義、和、平；在語言教育方面禁說日語、禁說方言、推行國語運動，例如1946年頒訂「臺灣省各縣市推行國語實施辦法」，1952年頒布「各級學校加強民族精神教育實施綱要」，規定「各級學校應指導學生深切體認四維八德為反共抗俄之精神武器，並藉以達成救國建國之使命」等（Lin, 2003；李筱峰，2002）。

1960年代開始有學者倡導在課程中教導學生認識鄉土。1968年公布「國民小學暫行課程標準」，在低年級常識科及中、高年級社會科的教育目標訂為：「指導兒童認識鄉土，培養其熱愛鄉土的心理。」（教育部，1974）不久後，受到一連串國際外交挫折的影響，引發人民對於臺灣本土文化的意識覺醒，並反省臺灣主體性與臺灣意識的問題。

要言之，本時期雖有學者倡導在國小教育階段教導學生認識鄉土，亦被納入國小課程標準，卻受到1952年政府頒布「臺灣省各級學校加強民族精神實施綱要」、1965年推行「各級學校加強推行國語實施計畫」及1967年成立「中華文化復興運動推行委員會」的影響和阻力，使得剛要萌芽的本土教育改革徒具形文而無任何實際成果，復加上1979年發生「美麗島事件」，使國內政風又轉向保守，促使本土教育計畫的推展更是雪上加霜。

三、發展期

此時期的本土教育性質傾向「發展性」，致力於教育計畫的推廣與實施。1980年代可謂臺灣意識的發展期，而本土教育的推展也進入推廣與實施階段。Lin（2003）指出，李登輝執政期間在教育改革的重點有二：其一是教育政策的多元化，主張教導學生具有面對未來挑戰及國際競爭的課程內容，提出「十二年一貫」的教育改革等計畫；其二是提倡臺灣意識教育，開始推動課程本土化與母語教育等，以加強學生的國家認同。

此外，地方政府也陸續推動一系列的本土教育改革，例如宜蘭縣、臺

北縣、臺北市及高雄市等,致力於研訂鄉土教學計畫、編輯鄉土教材、推廣鄉土技藝及實施母語教學等措施。具體而言,宜蘭縣政府在「文化立縣」政策下擬訂本土語言、蘭陽地理和蘭陽歷史等鄉土教學計畫;高雄市政府教育局在1992年編輯《我愛高雄》與《高雄心、港都情》等鄉土教材;臺北市政府教育局編輯《臺北鄉情叢書系列》、《我家在臺北》、《臺北的故事》、《飛躍的臺北》、《臺北我喜歡》及《說我家鄉》等鄉土叢書;臺北縣政府編輯泰雅族、臺語及客語等母語教材,也編輯臺北縣鄉土教材,推動母語教學,舉辦傳統技藝、原住民育樂及田園教學等活動。

　　教育部在推動國家層級的本土教育改革上,其具體作為有:㈠現行教材加重臺灣本土知識的份量;㈡國語文教材選輯臺灣鄉土作家的作品;㈢高中地理設置專章討論臺灣的人文及經濟現象;㈣國小社會科教材架構及內容朝向本土化;㈤1994年訂頒「國民小學鄉土教學活動課程標準」;㈥1993年修訂發布「國民小學課程綱要」,1994年修訂發布「國民中學課程綱要」,課程目標明白揭示達成「愛家、愛鄉、愛國、愛世界的情操」;㈦國小三至六年級增設「鄉土教學活動」科,國中一年級從86學年度(1997年)增設「認識臺灣」科及「鄉土藝術活動」;㈧核准國內各大學校院申請設立臺灣人文學門相關系所及研究中心等,其區分為整合類系所、歷史類系所、文學類系所、語言類系所及文化類系所六大類,茲依類別與年代順序羅列如下表1(教育部,2005):

表1　國內大學校院臺灣人文學門相關系所與研究中心一覽表

類別	系所或研究中心名稱	隸屬的大學校院	成立年代
整合類	臺灣文化及語言文學研究所	臺灣師大	2003
整合類	臺灣研究中心	政治大學	2003
整合類	臺灣研究中心	靜宜大學	2004
整合類	臺灣學研究中心	國立中央圖書館(臺灣分館)	2007
歷史類	臺灣史研究所	臺灣師大	2004
歷史類	臺灣史研究所	政治大學	2004

(續下表)

類別	系所或研究中心名稱	隸屬的大學校院	成立年代
文學類	臺灣文學系	真理大學	1995
文學類	臺灣文學系所	成功大學	2000成立碩士班 2002成立大學部暨 博士班
文學類	臺灣文學研究所	臺北教育大學 （前臺北師院）	2002
文學類	臺灣文學研究所	清華大學	2002
文學類	臺灣文學系	靜宜大學	2003成立大學部 2006成立碩士班
文學類	臺灣文學研究所	中正大學	2004
文學類	臺灣文學研究所	中興大學	2004
文學類	臺灣文學研究所	臺灣大學	2004
語言類	臺灣語言與 語文教育研究所	新竹教育大學 （前新竹師院）	1997
語言類	民族語言與傳播學系	東華大學	2001
語言類	臺灣語言學系	真理大學	2002
語言類	臺灣語言及教學研究所	高雄師大	2002
語言類	臺灣語文與傳播學系	聯合大學	2004
語言類	臺灣語文學系	臺中教育大學 （前臺中師院）	2004
語言類	客家語文研究所	中央大學	2004
語言類	臺灣語文學系	中山醫學大學	2004
語言類	臺灣語文學系	東華大學 （原花蓮教育大學）	2005
文化類	民族研究所	政治大學	1990
文化類	民族學系	政治大學	1993
文化類	族群關係與文化研究所	東華大學	1995
文化類	多元文化教育研究所	花蓮教育大學 （前花蓮師院）	1996
文化類	臺灣文化研究所 （前鄉土文化研究所）	臺南大學 （前臺南師院）	1996成立 2003改名
文化類	鄉土文化研究所	花蓮教育大學	1999
文化類	民族文化學系	東華大學	2001
文化類	民族發展研究所	東華大學	2001
文化類	客家社會文化研究所	中央大學	2003
文化類	南島文化研究所	臺東大學	2003
文化類	客家文化研究所	高雄師大	2003

（續下表）

類別	系所或研究中心名稱	隸屬的大學校院	成立年代
文化類	客家文化學院 （含國際客家研究中心）	交通大學	2004
文化類	客家政治經濟研究所	中央大學	2004
文化類	民族藝術研究所	東華大學	2004
文化類	客家戲學系 （原客家戲科）	臺灣戲曲學院	2008

資料來源：本書自行整理。

　　綜上所述，臺灣本土教育的發展主要受到獨特的歷史背景與文化、政治意識型態、經濟自由化及社會結構轉變等因素影響。早期歷經荷蘭、西班牙、清朝、日本及國民政府等不同政權的統治，加上皇民化教育與黨化教育的深刻影響。其後，1970年代經濟快速成長，加上留學歐美及日本的學者相繼回國，造成中產階級興起、家庭結構改變及民間社團活動蓬勃的現象。教育方面，人民的教育水準大幅提升，促使民間要求教育改革的呼聲四起，民間教育改革團體相繼成立，例如「教師人權促進會」（1988年）、「人本教育促進會」（1988年）、「人本教育基金會」（1988年）、「主婦聯盟教育委員會」（1988年）、「振鐸學會」（1989年）、「大學教育改革促進會」（1989年）及「四一〇教育改革聯盟」（1993年）等（張濬哲，2005）。這股民間的教改力量，一方面向中央政府提出各種改革理念與措施，另一方面積極尋求與地方政府合作，推動一系列的教改活動，像是鄉土教材編輯及母語教學等。

　　政府受到民間和地方政府的壓力，開始以「教育鬆綁」做為擬訂教育政策的方針，在1994年成立「行政院教育改革審議委員會」，負責教育改革與教育發展的研究與審議工作，並陸續出版四期教育改革諮議報告書。不過，莊萬壽（2003：114-115）分析指出，該委員會的委員共計28人，但臺灣籍人士只占三分之一，且真正具有本土教育理念者仍不多；若就諮議報告書內容來看，未能提出「學校教育與人民生活、文化脫節」的教育問題，未能深入探討原住民、福佬、客家人母語及文化喪失的議題；即使在第四期報告書中提及「重視原住民教育」的改革項目，亦未能考察相關

的歷史因素,進而重視本土文化層面的教育改革,更遑論課程與教材本土化的議題。

Law(2002)指出,2000年5月20日政黨輪替後,由於新任總統陳水扁是臺灣籍且出身民進黨,故可視為本土化全面來臨的象徵,惟此本土化所指涉的意涵乃是「臺灣化」(Taiwanisation),期望透過「教育臺灣化」(Taiwanisation of education in Taiwan)達到本土教育的目標;意即教育改革重點在於教導學習者對臺灣具有本土認同、國家認同,強調臺灣意識與主體性,完成民主發展與社會和諧的理想。

總之,誠如陳麗華(2003)、游勝冠(1996)指出,一個國家或地區順其自然發展,各方面的「本土性」自不虞匱乏,也無必要刻意強調。但是,當本土化議題被喚起,往往表示可能受到政治、經濟或文化方面的殖民統治,試圖藉由本土化運動衝擊或擺脫壓迫,重新喚醒國民對自身文化的肯定和認同;亦可視為一種因著反殖民、反壓迫及反宰制而興起的解放歷程,同時也是一種尋找自我身分認同的歷程。

是故,臺灣本土化運動的歷史淵源與發展動力在哪裡,是當前每個人都必須理解的事。當我們對本土的歷史、地理、社會、文化、族群及生活等均有充分的認識與瞭解,自然能對本土產生愛護之情,並產生自信心;一旦擁有自信,無論面對中國或強勢西方文化的衝擊,才不會被擊倒或牽著鼻子走,反而能突顯自己的獨特性與主體性。但值得注意的是,建立主體性的目的並非在於塑造另一個「他者」(the others),也非做為對抗或劃清界限的手段或工具,否則只是徒增氛圍的緊張與社會的矛盾而已。

第四章

本土教育課程改革的立論依據

壹 本土教育的概念架構

　　本土教育的意涵相當複雜、多元，有許多理性和非理性因素糾結其中，也與一國的歷史發展背景、政黨政治發展、社會轉型及時代變遷息息相關，常令人有「霧裡看花」或「丈二金剛摸不著頭」的感受。是以，要明確地闡述課程改革本土化在整體教育系統中的互動關係與內涵，必須釐析其深層的重要概念，規劃概念架構做為研訂課程政策的參考依據，同時也要尋繹適切的立論依據，做為未來落實推動的礎石。以下先闡述本土教育的兩大核心概念：臺灣意識與臺灣主體性，說明其意涵及其與本土教育的關聯性，然後試圖建構臺灣本土教育的概念架構。

一、臺灣意識

　　意識（consciousness）可視為人類所特有、反應客觀現實存在的最高形式，或是一種自覺的心理活動（郭焙烈，1999；夏征農，1992：2782）。那麼何謂「臺灣意識」？施正鋒（1999）認為，臺灣意識是：「感覺到自己是臺灣人的意識」，它具有獨特性，是一種多面向、多層次的集體認同（collective identity），其呈現方式經常隨時間和空間推移

而遞嬗，並做多元形式展現。黃俊傑（1999）指出，臺灣意識是在每個歷史階段的政治脈絡中形成的，因此臺灣意識基本上是一種抗爭論述，可做為反日本帝國主義、反國民黨威權統治及反抗中共強勢威脅。蔡篤堅（2005）則認為，臺灣的民族認同呈多元面貌，自鄉土文學運動以來，具有地緣認同取向的臺灣意識，在政治與社會的轉變下，逐漸挑戰以血緣認同為基礎的中國意識。

由上述可知，臺灣意識的定義可謂「一人一義，十人十義」。本書認為，因著不同的時代背景，可分成下列四個階段探討其發展與重要意涵：

㈠明清時期（1661-1895）

事實上，本時期尚未出現臺灣意識，反倒是當時移民來臺的漢人出現認同中國祖籍的各種「地方意識」，包括：漳州意識、泉州意識、閩南意識及客家意識等（黃俊傑，1999）。

㈡日治時期（1895-1945）

日本統治期間，臺灣人民為抗日而激發出臺灣意識，這是一種民族意識，也是階級意識。其內涵在認同漢族文化與中國文化，而非當時統治中國的政權。學者大多認為，此時期的文化認同遠大於政治認同（王前龍，2001：85；黃俊傑，1999）。

㈢光復後至解嚴前（1945-1987）

本時期的臺灣意識，實質上意指省籍意識的對抗。其導因於光復後的權力分配不平，尤其二二八事件及白色恐怖後，釀成日後長期的省籍衝突與分裂（黃俊傑，1999）。一切有關中國文化的概念與情感漸趨複雜，同時加遽臺灣意識與中國意識的衝突，結果引發「臺灣結對抗中國結」的大論戰（江宜樺，1998：144；陳映真，1988）。

李筱峰（2002：92）指出，二二八事件後促使一股新的臺灣意識再度凝聚，並成為臺灣獨立建國的濫觴。因此，本時期有部分人士（如陳芳明，1998；陳隆志，1993）將臺灣意識視同「臺獨意識」，認為其源自西

方「民族自決」（self-determination）的理念，強調臺灣是臺灣人所擁有的，四百年來一直為外來政權統治，有權決定自己的命運，建立一個屬於自己的國家，於是揭櫫臺灣民族、臺灣獨立及建立臺灣共和國的主張，其後因為白色恐怖導致臺灣意識轉往海外發展。

另一派人士（如陳昭瑛，1998：141-147）則持相反論述，認為臺灣意識不同於臺獨意識，因為臺獨意識最早並非源自臺灣，而是美國人意識下的產物，是1942年美國人柯喬治（George Kerr）所提出，其目的在保障美國在臺利益。儘管如此，國內的臺獨意識實際上在1950至1960年代已獲初步發展，惟限於當時的時空背景，各項反對運動多以政治民主、言論自由及臺灣本土化做為訴求而非臺灣獨立，須等到1979年美麗島事件後才使激進的臺獨意識逐漸取得地位，隨後亦激起反中國的本土化運動及臺灣意識，產生「統獨論爭」。由於臺灣意識與臺獨意識間的論述涉及國內主張「統派」與「獨派」的不同政治觀點，其範圍既廣泛且複雜，故在此不做深入討論。

(四)解嚴後迄今（1987-2008）

黃光國（1987）曾從整體面分析臺灣意識與中國意識的異同。他指出臺灣光復以來，歷史上出現過的臺灣意識和中國意識都不只一種，包括有：1.「保守中國意識」代表臺灣人即中國人，臺灣是中國的一部分；2.「民主中國意識」主張建立民主政治結構，仍維繫中國政治體制；3.「臺灣獨立意識」，表示臺灣人不是中國人，臺灣並非中國的一部分；4.「現實臺灣意識」主張住民應有自決權，可透過選舉方式建立民主政治。

施正鋒（1999）從臺灣意識的深層結構分析出三個面向：其一「原生面向」，主張臺灣意識是自然生成，緣於相同血統關係所帶來的認同感；其二「結構面向」，為反抗日本統治與教育控制，激起被壓迫的共同命運感受，因此形成集體認同。後來受到國家機器與黨化教育控制，導致族群、省籍對立，及國家認同、統獨之爭；其三「建構面向」，代表人們有共同的歷史、經驗及記憶，並以多元文化主義來建立超越族群的認同感，

尊重各族群獨特的價值和文化，也鼓勵每個人可同時擁有個人、族群及國家的認同。

自政治解嚴後，1991年廢除動員戡亂時期臨時條款；同年，國民大會全面改選，在1992年底為緩和省籍與族群問題，政府提出「生命共同體」的理念。在1996年第一屆總統直選前夕，李登輝揭櫫「社區共同體」的概念，希冀建立現代化、民主化及具有公民社會意識的社區共同體（李登輝，2005：38）。至此，臺灣意識如火山爆發一湧而出，對內成為追求各族群住民的團結意識，對外則成為反抗中共的政治意識（黃俊傑，1999）。

李登輝接著在1998年提出「新臺灣人」的概念，期望藉此凝聚新的臺灣意識，究其目的有二：對外與中國大陸對抗，強調臺灣的獨特性；對內以臺灣為一個整體，強調閩南人、外省人、客家人及原住民等各族群，不管先來後到，只要認同這塊土地者都是「新臺灣人」（李登輝，1999：82）。

綜言之，臺灣意識可視為許多不同內容、具特殊性的社會意識之總稱，意即反映臺灣特殊處境的一種社會意識（曾健民，1999）。明清統治時期是指各種地方意識；日本統治時期是指認同中國傳統文化的意識型態；光復後是指受到戒嚴體制與西方文化入侵所激起的一種本土意識，並與臺獨意識有若干關聯；解嚴後則是指臺灣人民對於自己身分的意識與認同，一方面強調生命共同體、社區共同體及公民意識的建立，另方面亦強調對於族群、歷史、地理及文化等方面應有充足的認識與理解，藉以增進關愛情懷。

值得關注的是，統治者為鞏固政權會致力消滅被統治者的自我意識，例如李筱峰（2002：101-103）、戴正德（2004：57-60）指出，日本實施皇民化教育的目的即在消滅臺灣意識；國民政府推行國語運動的目的在消滅臺灣人民的鄉土情感，改編教科書內容（如少康中興、田單復國等中國古代封建故事，教導收復河山、反共抗俄、毋忘在莒等）的目的在迫使人民對中國產生認同。當前的臺灣社會，表面上雖已脫離殖民和集權統治，惟須積極面對下列兩大課題：其一是中國大陸的傾軋，其二是國內族群的

分裂。因此，目前有必要重建臺灣人民的臺灣意識，促使其深切體認處境艱危，培養危機意識、居安思危，面對外來勢力的傾軋能共體時艱，對內也要致力弭平族群分裂。要言之，臺灣意識成為推動本土教育的核心概念之一，期望透過本土教育教導學習者理解臺灣意識的重要性，並激發關愛之情。

二、臺灣主體性

何謂「主體」（subject）？何謂「主體性」（subjectivity）？根據《辭海》的解釋，主體是指事物的主要部分，在哲學上意指「認識者」（knower），具有意識性、自覺能動性和社會歷史性等基本特徵，而意識與思惟則是這個主體的機能和最重要的特性（夏征農，1992：148）。莊萬壽（2003：55）認為，任何人都可以是主體，是個人思惟和認識的主體，經由認識的主體才能認識外在世界。李永熾等（2004：64-79）指出，要成為主體必須具有下列三項特性：其一必須能自給自足、具有能動性，即自己就可以主動發生作用；其二必須非隸屬於其他存在的一部分；其三必須能永續發展。江宜樺（1998：13）也同樣認為，主體的證成必須透過其他主體加以認肯，使每個主體與其他主體間產生「互為主體性」（intersubjectivity）的現象。

那麼，何謂「臺灣主體性」？李永熾等（2004：64-79）認為，「個人主體性」代表個人在意識與身體有自主的決定權；「社會或國家主體性」表示一個社會或國家繫於人民相互訂約、組織而成的構成體，其主權在人民。由此衍伸釋義，臺灣主體性表示居住於臺灣的所有住民都有自主的決定權。雖然面臨各種外來的殖民與統治文化，彼此不斷衝擊、激盪，反而邁向更多元的文化整合，並創造出特有的主體性。

不過，主張臺灣獨立的理論家乃試圖以二元對立方式建構出臺灣主體性，包括六組概念二元系統的對立，其一是「中國＝中心＝統治者＝外來＝不獨立＝非主體性」，其二是「臺灣＝邊陲＝人民＝本土＝獨立＝主體性」。但陳昭瑛（1998：152-167）認為這個理論架構過於化約、錯誤，其理由

在於：「為了建立臺灣主體性便必須排除中國性，若要排除一切外來化，則荷蘭性、日本性、美國性也要排除，則臺灣性還剩下什麼？以排除對象性的方式來建構主體性，不僅理論矛盾，實際也不可能。」

有關臺灣主體性的論述，在政治領域尚有許多學者著書或專文討論，惟因不屬於本書主要討論範圍，故不再深入探究。但值得注意的是，追求臺灣主體性已成為當前推動本土教育的核心概念之一，亦成為近年來教育主管機關擬訂重要教育政策的指導方針。例如教育部訂定「2005-2008教育施政主軸」，其中便明列「臺灣主體」為施政主軸之一，強調臺灣應建立主體性，而主體性的建構則應教導學生體認生命共同體及增進族群多元平等的基礎上，達成強化「族群多元、國家一體」的教育目標（教育部，2004b：5）。

總之，臺灣具有獨特的海洋地理與自然環境、歷史文化及社會民情，形塑出人群特殊的性格與特質，加上歷史文化和社會民情等因素，臺灣人民在身體、思想、意識、文化、族群及社會等各方面應具有自主、自決的權力，其運作過程應秉持兼容並蓄而非排斥異己的理念，是多元的而非一元的價值觀，此即臺灣主體性的真正意涵。

三、臺灣本土教育的概念架構

綜上所述，本書認為在推動臺灣本土教育時，宜先建立一套有系統的概念參照架構，提供教育政策規劃者擬訂各項具體策略的依據。該概念架構應具有調適性質，其內涵包括：組成要素、影響因素、運作歷程及教育目的。整體概念架構設計如下圖2，茲逐項說明如下：

(一)組成要素

該概念架構乃由「臺灣本土化」、「臺灣意識」及「臺灣主體性」三元概念所組成，並以相關的教育理念或內涵做為核心：

1.臺灣本土化

以本土做為主體性，教育的一切措施符合本土的狀況和需求（莊萬

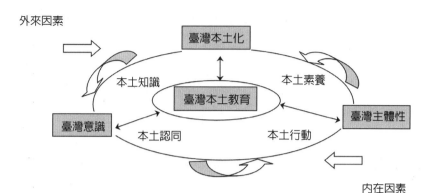

圖2　臺灣本土教育概念架構圖

資料來源：本書自行整理。

壽，2003：119）；或指課程內容須關切臺灣的歷史、地理、文化、社會、生活、生態及經濟等脈絡的演變，及其與各項教育相關活動的關聯性。

2.臺灣意識

非關乎政治意識，而是教導學生身為臺灣人民應有的意識，其教育內容須以學生為中心、貼近生活，其教育目的在教導學生認識及認同臺灣，並對各族群及文化付諸體察與關愛。

3.臺灣主體性

臺灣是多元文化的社會，如何憑藉民主的程序，視所有人民為主體，為各族群建立多元化的教育，此即教育的主體性（莊萬壽，2003：88-90）。因此，必須以所有住民的文化做為教育的主要形式和內容，關注各族群、不同階級、弱勢團體及新移民在受教過程是否獲得尊重與發聲，強調個人的身體、思想、意識、文化、族群及社會等是否擁有自主及自決權，期望藉以培養學習者成為一獨立、自信的學習主體。

(二)影響因素

本土教育概念架構經常受到各種因素所影響，主要有下列兩項：

1.外來因素

是指來自荷蘭、西班牙、明鄭、清朝、日本及國民政府等殖民與高壓

統治所帶來的影響，包括殖民教育（如日本的皇民化教育）、西方資本主義教育及中國意識教育等。

　2.內在因素

　是指臺灣內部受到多元族群、省籍、風俗、習慣及語言等因素，帶來各種衝突與異見，進而影響人們對於臺灣本土的認同觀點迥異。

㈢運作歷程

　該概念架構的運作必須以推動臺灣本土教育做為核心工作，透過理解、吸收、融合、轉化及創新的課程改革與籌劃，促使臺灣本土化、臺灣意識及臺灣主體性三項主要概念間產生循環、互動及關聯性。

㈣教育目的

　推動臺灣本土教育的目的主要有三：

1. 以追求教育本土化做為核心工作，配合推動教育自由化、民主化及多元化，並致力尋繹出一套臺灣本土教育的實施與推廣模式。
2. 期望促使學習者理解本土知識、培養本土素養、加強本土意識及本土認同，並落實於本土行動。
3. 促使本土各族群與文化均能獲得尊重、包容及欣賞，並激發對於本土的關懷之愛。

貳　課程改革本土化的立論基礎

　課程改革是教育改革的核心工作，課程領導者、推動者及實施者在改革歷程必須隨時提醒自己：要改革什麼？為何要改革？為誰而改革？如何改革？何時改革？此乃因為課程改革經常涉及政治影響，若無法加以檢討、反省，將致使改革充滿困難。此外，任何課程改革應尋繹立論基礎，因為缺乏立論基礎的改革內涵是空的，無法加以落實行動。本書歸結出下列四項理論取向，做為課程改革本土化的立論基礎，包括：課程改革的政治取向、後殖民論述、多元文化主義及社會重建主義等，茲闡述如下：

一、課程改革的政治取向

(一)重要內涵

黃政傑（1999：8）認為，課程改革是指針對學校課程加以改變，減除其缺點，擴充其優點，藉以促成教育目標和教育理想的達成。張嘉育（2002：3-4）認為，課程改革是從課程理念、課程目標、課程組織結構及課室教學上，進行整體、有計畫的根本改變，以提升學校教育的過程與品質。然而，課程改革是否代表現行課程可能不夠理想或跟不上社會變遷？其牽涉的問題尚有：誰擁有課程決定權？不同團體的權益是否受影響？一旦受影響該如何協商？上述問題均顯示課程改革具有政治取向。誠如黃政傑（2005：57）指出，課程改革經常涉及權力與利益的重新分配，影響師生及社會發展，尤其是較為激進的課程改革，很容易被躍登政治舞臺上論辯。一旦課程改革流於政治論辯，改革方向和措施可能越辯越明，但也可能流於權力鬥爭，反而扭曲改革的理想。

譚光鼎（2000）亦認為，學校課程教學原本就是政治社會化的工具。國家為達成統治目的，經常會利用學校功能，在規劃課程與教學時進行意識型態的灌輸。是以，課程改革經常受到政治力的介入和影響，如何做到「教育歸教育，政治歸政治」實在困難，而此正是教育政治學（the politics of education）的重要課題。

這是一門尚在發展的知識領域，乃教育學與政治學觀點的結合體，其探討的內涵包括：選舉、民意、法律、權力、政策、媒體、意識型態、文化、價值觀、利益團體、群眾運動及政治人物等主題。意即在教育上關切權力的分配與再製、衝突管理、政治意識、市場機制、利益糾結、族群問題及城鄉差距等（Scribner & Layton, 1995；林天祐，2004）。

以美國教育史上曾出現「教育均等」與「教育卓越」兩項重要教育政策議題為例，倡議原因大多與政治選舉相關，其說明了政治生態改變經常會影響教育決策；相同的，政治勢力消長與政治版圖重組也會影響教育決策。深切省思其間的關係，乃因選舉候選人提出的教育政策往往會符應及

滿足選民的需求。倘若往正向面思考，政治生態的變遷正好提供教育改革的新契機；但這也顯示了教育的無奈，因為就某方面而言，教育是缺乏自主的，容易隨政治起舞，而無法擺脫政治意識的介入。

簡言之，課程改革的政治取向與教育政治學的課題密切相關。教育是國家的重大活動，也是統治的重要媒介，因此政府經常透過教育政策的制定與實施進行權力分配。課程是教育的核心工作，當教育政治化時，便須透過課程的選擇與分配進行課程改革（黃政傑，1994）。茲歸納下列重要內涵：

1.課程改革關切權力與利益的再分配

政治是「管理眾人之事」，必須設立一套有組織、計畫、執行、協調、管制及評鑑的程序或機制，以達到預期目標。然而，因事涉眾人之事，易與權力和利益產生糾結，一旦有人感受到自己原有的權力和利益出現失衡，則易生衝突，需要協調和溝通，以追求最大多數人的利益為優先考量。誠如張嘉育（2002：41）指出，課程改革的政治取向強調權力的再分配與運用、改革目的或改革論述的選擇，以及改革目的所試圖服膺的特定利益等議題，並須致力協調各團體的對立與衝突。

2.課程改革牽涉許多非理性因素與複雜性

Chubb & Moe（1998）指出美國許多公私立學校的人事和經費補助大多來自政府，因此想要減少政治力的介入和控制實非易事。一旦課程改革成為政治性議題，容易加深課程改革的複雜度與困難度，此乃因改革過程經常出現許多非理性、情緒性、誇張性或文飾性的因素，不但易模糊改革焦點，也易失去改革本質與目的。如何使課程改革議題回歸理性及論辯，將是決定改革成敗的關鍵（黃政傑，1994）。是以，課程改革理應隨著時代變遷或社會需要而改變，應回歸教育本質並以提升學習成就做為目標。只是，受到政治力的影響卻使課程改革可能空有口號而缺乏實踐力，所規劃的方案恐與政治意識、政黨立場及社會勢力關係相互糾結，反而無法達到預期的理想與改變。

3.課程改革導向社會正義與機會均等的理想實現

課程改革的目的在於引導社會朝向理想改變，而課程改革的政治取向

則提醒人們要隨時敏銳地察覺過程中的訊息與脈絡，體察改革的意義與變遷，並分析問題、尋求解決。其理想乃建基於社會調適與共識上，期望找回社會的公平與正義，並導引社會重建。

(二)與課程改革本土化的關聯

由於課程改革是反映社會需要而產生的，為解決教育問題，改革過程必須考量立法機構、民間團體、家長團體、學者專家組織及民間教科書業者等壓力團體如何介入改革，及其權力運作情形。受到政治力影響，常導致課程改革形同一場政治角力，在不同政治立場的對峙下，充斥權力與利益的糾結。表面上看似經過幾番的協商和溝通，私底下卻可能是利益大餅的均分，無法獲得真正理性的改革，缺乏改革的正當性和合理性。

國內本土教育改革興起的原因很多，其中最明顯者屬政治因素。例如政治改革本土化運動的影響下，民間教改組織蓬勃，地方政府陸續推動課程本土化與母語教學等活動，教育部納入課程綱要修訂重點，以期落實教育臺灣化與教材本土化。事實上，學校裡教導學生認識本土原是發乎自然的，只是在長期殖民與中國意識的扭曲下，加上政黨對立、族群分裂及省籍衝突的影響，使本土教育的議題經常成為不同政治立場角力的地方，例如「認識臺灣」教科書的編寫與高中歷史課程綱要的修訂，皆介入許多政治意識型態而引發抗爭，導致本土教育課程改革困難重重。

要言之，政治議題、權力分配與利益衝突是學校課程裡的「空無課程」（null curriculum）。推動本土教育時，不同政治立場與意識型態的介入，加上各壓力團體或利益團體的影響，甚至立法機關的質詢，經常模糊了改革的焦點和目標，課程決策無法訴諸理性論辯，或屈服於各方壓力，終使社會正義和機會均等的改革理想難以實現。如何增進課程改革者具有政治敏銳及意識察覺的能力，改革如何兼顧最大多數人的利益，如何追求改革的正當性與合理性，這些課題均有待未來持續深入探討。

二、後殖民論述

「後殖民主義」（postcolonialism）是一個至20世紀晚期才被學術界廣泛使用的術語（陶東風，2000：1），其內涵迄今仍有許多歧見和爭議，故本書採「後殖民論述」一詞加以闡述其理論內涵，及其與課程改革本土化的關聯性。茲分述如下：

㈠論述內涵

1492年哥倫布發現新大陸後，歐洲強國開始積極發展海權，並向海外擴張領土。歷經16、17世紀「帝國主義」（imperialism）時期，18至19世紀全球約有五分之四的人口受到殖民統治，進入「殖民主義」（colonialism）時期（廖炳惠，1998：13）。直到二次世界大戰後，被殖民者紛紛取得自主權並成為新興國家，卻因經濟落後加上政治不穩，仍須依賴西方國家在技術、制度及經濟上的資源協助，處於一種半殖民狀態。此時雖然西方帝國主義的殖民已經消退，惟其文化霸權正悄然地以文化商品及學術研究之名，行帝國主義利益與資本主義掠奪之實（陳麗華等，2003a），此即後殖民論述。

若干學者從「後」字解析後殖民的意義：其一從時間順序來看，是指「在殖民之後」，在字義上隱含殖民的延續及尚未超越；其二從型式延伸來看，是指「超越殖民」，從「軍事—領域」轉型為「經濟—文化」的霸權控制（方永泉，2000；宋國誠，2003：2-3；劉自荃，1998）。另有些學者運用「後」（post）與「殖民」（colonial）之間用「—」的符號來詮釋意義，例如「後—殖民主義」（post-colonial）代表與殖民間有著本質意義上的斷裂與區別，是一種「抗衡性的後殖民」，是在獨立後的殖民地找到的；而「後殖民」（postcolonial）則表示新興國家獨立後尚無法終結殖民，甚至延續殖民，是一種「共謀性的後殖民」，表示在形成後殖民的同時存在著不同變化的殖民產物（曾萍萍，2000：5；曾萍萍，2003：6-8；陶東風，2000：6）。

學者（宋國誠，2003：3；蔡源林，2001）指出，後殖民論述是1980年代中葉以降，影響美國社會與人文學科最普遍、深遠的一股思潮。它發端於第三世界，由法農（F. Fanon）、甘第（L. Gandhi）、薩依德（E. W. Said）及史碧娃克（G. Spivak）等大力倡導，而後興盛於歐美各國。

法農是非洲阿爾及利亞民族解放運動的核心人物，1961年出版《受苦的人》，1967年出版《黑皮膚，白面具》（Black Skin, White Masks），對遭受殖民統治的非洲民族及其文化進行分析。他認為被殖民者在政治獨立後，心靈與文化卻仍處於殖民狀態，因其國家文化與所有社會機構、法令制度、教育系統及公共建設等都是殖民者所訓練或建立的，即使脫離殖民卻無法消滅所遺留下來的陰影，在缺乏選擇的情形下只好沿用，只是如此一來仍存在依賴心理，國家獨立卻「妄自菲薄」，這是一種「黑皮膚，白面具」的內在認同危機（張京媛，1995a；萬冰，2005；廖炳惠，1998）。此外，他主張後殖民的身分認同議題應避免「內在殖民」的現象。此乃脫離殖民後，經常有人要求回復到殖民前純真（pure）的民族文化或種族文化，但這是悖離實際的。因為從歷史發展來看，任何地區不可能存在亙古不移的本質式的傳統文化，尤其是被殖民地區的文化早已歷經多重的融合（Gibson, 2003；李英明，2003：80-83）。

南非的甘第批判「本真性」（authenticity）的民族主義，提出應摒除過去的懷舊心理，避免回歸前殖民的社會與文化（張京媛，1995b；陶東風，2000：20-22）。薩依德在1978年出版《東方主義》一書，被譽為開啟後殖民論述的代表作。他指出中東研究只是殖民者所建構的產品；他描繪西方白人如何藉用想像（imagination）、論述（discourse）及實踐（practice）三種方式，從學術研究、音樂及文學等各層面，不斷地將其霸權思想強加於其他民族或國家，令其處於被支配卻陶然不知的境況，藉以完成文化帝國的理想。因此，他致力於省思個人身分認同的矛盾、親情倫理的掙扎、學者與公眾知識份子的雙重角色、族群與宗教的衝突對立、外來殖民與本土社會的鴻溝等課題，一方面強調抗拒強勢文化支配，另方面批判西方過度膨脹的自我（Said, 1994a, 1994b；王志弘等，1999；陳芳明，2002；廖炳惠，1998；蔡源林，2003）。

史碧娃克出身印度在美國工作，對後殖民的文化分析形式極具貢獻。她強調後殖民主體的異質性，堅持「女性主義」應自成一個分析範疇；她也省思第三世界國家如何在後殖民主義下解除西方文化及意識型態宰制的問題，以及在西方啟蒙傳統所形成的霸權下如何獲得解放。她在1988年出版《從屬階級能發言嗎？》（Can the subaltern speak?），書中探討許多處於後殖民境況下的從屬階級（例如黑人、窮人及女性等），其意識或主體經常遭到消音，即使一些反帝國主義的史學家或研究者企圖突破此一現況，最終仍只是站在文化精英立場，並未真正幫助這些從屬階級為自己發聲。因此她批判「精英」西方理論論述，促使人們意識到被排除或被邊緣化的社會成分（Landry & MacLean,1996; Spivak, 1990；李英明，2003；彭淮棟，2004）。

上述代表人物關切第三世界國家在文化與意識層面的批判，他們經常引用傅柯（M. Foucalut）「知識/權力」的概念和葛蘭西（A. Gramsci）「文化霸權」（cultural hegemony）的理論進行批判。他們認為國家雖然政治獨立，文化脈絡與意識型態卻仍受殖民者以不同型式進行支配。故極力鼓吹本土知識份子應省思下列課題：其一，從政治、經濟、教育、藝術及文化等層面，探討殖民者與被殖民者間的關係，達到「去中心化」、「去邊緣化」的目標，擺脫文化帝國主義；其二，分析殖民話語，喚醒被殖民者的意識覺醒，致力恢復被殖民的集體記憶與經驗，然後重建文化主體與身分認同，尋回民族或國家的自我尊嚴與自信；其三，宣導文化多元主義，避免國家內部殖民或落入「文化民粹主義」，讓人民理解意圖回歸殖民前純真的文化傳統已非可能，調整心態「向前看」，積極面對文化多元的優點而非緬懷過去；其四，探究焦點置於「重現」（representation）、「論述」（discourse）、「文本性」（textuality）及權力抗拒等議題上（宋國誠，2003；曾萍萍，2000；陶東風，2000）。

(二)與課程改革本土化的關聯

發生於第三世界國家的後殖民論述是否適用於臺灣社會？臺灣是否已進入後殖民時期？這是個不易回答的問題。宋國誠（2003：16-17）認

為，二次世界大戰後，臺灣的經濟高度發展，成為一個「現代化後殖民國家」，然而面臨中國和西方強勢文化的威脅，加上國內的族群、統獨爭議，使人民身處後殖民危機中。陳芳明（2002：10-11）認為臺灣的殖民歷史經驗無法完全涵蓋薩依德的論述。因其殖民經驗非完全來自西方的殖民主義，具有特殊的時空背景與脈絡差異，故無法以第三世界國家的經驗來涵蓋臺灣。廖炳惠（1998, 2000）也持相同看法，尤其臺灣一直處於身分認同上的雙重性及文化地理的邊緣性，又常被視為列強與中國角力的場所，因著這些矛盾、多重的身分及獨特的社會條件，加上歷經二二八事件、退出聯合國、白色恐怖及中華文化復興運動等內部殖民的陰影，使臺灣的後殖民境況更加複雜。

由上可知，後殖民論述緣自第三世界國家的殖民經驗，由於東西方的殖民背景迥異，加上臺灣特殊的後殖民處境，故詮釋其意義時無法完全套用，惟仍可做為解釋社會現象的重要參考途徑。

那麼，臺灣是否已進入後殖民時期？廖炳惠（1998：22-23）認為，因為臺灣複雜的殖民經驗，不同文化和族群的盤根糾結，加上內外殖民的境況，頂多處於晚期殖民（late colonial）與新殖民主義（neocolonial）彼此交匯的時期，尚未進入後殖民時期。相反的，陳芳明（2002：110）認為在1987年解嚴後就已進入後殖民時期，因為戒嚴體制對文化主體構成的傷害，不亞於日本殖民，本土的語言、歷史、政治及文化等都被統治者徹底歧視和壓制，因此解嚴後社會歷史記憶重建的多元現象就是一種後殖民境況（postcoloniality）。

綜言之，本書認為只要一個國家或民族歷經殖民後，能反省並批判文化殖民現象，並有計畫地建構自己的文化主體，就算是進入後殖民時期。深究臺灣的殖民經驗，一方面似乎能領受各種程度不一且相似的被殖民經驗，另方面也似乎都有一種集體壓抑或遺忘的歷史現象，「臺灣」一詞在解嚴前彷彿代表一種禁忌符號（邱貴芬，1995a，1995b，1997；曾萍萍，2000，2003）。解嚴後隨著思想枷鎖的解除，使原本潛藏的「他者」（the others）的聲音獲得抒發，雖仍有許多人處於歷史失憶狀態，徘徊於國家與文化認同的十字路口，但已有許多人急於喚醒族群與文化價值，尋

找主體性的建立，過程中已促使文化更趨豐富、多元。故本書認為，臺灣自解嚴後即進入後殖民時期，當前面臨中國意識傾軋、西方全球文化籠罩及內部偏頗的權力糾結，主張後殖民論述正有助於推動課程改革本土化，藉以喚醒臺灣人民的歷史失憶，激發臺灣意識，重新建構文化主體性。

誠如陳麗華等（2003a，2003b）指出，為抵禦強權入侵，為尋求符合國家需求及文化保存策略，更為重建民族形象與國家認同，許多國家開始重視後殖民的批判論述，並藉以推動本土化運動。因此，本土教育與後殖民論述密切相關，其目的均在重視認同與共存共榮的價值，拒絕壓抑和控制，期能建立具包容性的主體意識。課程改革本土化的目的亦即為增進學習者擁有自我意識、本土知識、身分認同及主體性，激發本土的關愛，此與後殖民的論述的目的和立場是一致的。

此外，薩依德（Said,1994a）提醒本土知識份子在改革中的角色與責任。因為長期殖民的影響，使課程改革或課程研究往往不自覺地移植西方學術，忘卻回頭去探索本土課程發展的歷史脈絡，故仍無法擺脫曾被邊緣化、被壓抑、被刻意抹除的課程歷史。誠如侯元鈞（2004）指出，未來進行課程改革必須激勵本土知識份子對於再現、他者、權力、知識份子的社會政治角色及批判意識等議題保持敏銳與警覺，使本土的課程學術主體與西方在平等條件下進行積極交流、對話、跨越邊界及共同思考。

最後值得關注的是，邁向課程改革本土化的未來腳步該怎麼走？本土課程的主體性在哪裡？國家與文化認同如何融入學校課程？如何激勵知識份子具有批判意識？省思這些問題並分析當前的課程改革可以發現，人們經常是容易遺忘的，往往只知向前行卻忘了回首來時路。課程改革不應只是蒐集國外資料或移植課程改革方案，殊不知已無形中再度被殖民，最終可能落個「水土不服」或「畫虎不成反類犬」的窘境，可憐的是學生被當成課程改革實驗下的白老鼠。

三、多元文化主義

㈠重要內涵

　　多元文化主義（multiculturalism）興起於1960年代的美國，導因於當時黑白種族爭議，其後加入弱勢團體及性別等議題，引發婦女解放及移民身分認同的社會運動，於是多元文化和多元價值信念便開始在西方社會產生發酵（陳麗華、彭增龍、張益仁，2004：31）。多元文化主義的基本要義有五：其一，提升文化多樣性的力量與重現；其二，重視人權並尊重各種異文化；其三，提供人們多樣生活的選擇機會；其四，強調社會正義與機會均等；其五，關切族群間權力與利益分配的平等（Collnick & Chinn, 1990；胡育仁，2000：21）。

　　那麼，多元文化主義的理論內涵為何？主要可從下列三方面加以闡述（Banks & Banks, 1993；胡育仁，2000；陳麗華、彭增龍、張益仁，2004）：

1. 強調文化多樣面貌的展現：西方啟蒙運動以來所主張的一元式思惟與價值觀在今日已無法適用，1960年代以降，隨著種族、性別、階級、年齡及族群等多元議題日漸浮上檯面，加上各種政治及社會運動的影響，使原本單一的價值觀已無法用來檢視和窮盡所有變化，唯有多元文化價值方能符合實際需求。

2. 關切權力平等與社會正義課題：其核心觀點在追求機會均等與社會正義，主張多元社會裡的每個人都享有基本權利以追求自我價值和肯定。故致力於摒棄主流文化價值的控制，消除差異性的對待及權力不公現象，以提升弱勢族群地位，進而尋繹解決途徑。

3. 強調「去我族中心」（de-ethnocentrism）及追求自我認同：強調讓各種文化百花齊放、共榮共存。在此氛圍下，有助於拓展個人或族群具有多元文化的胸襟，培養自信以理解自身的文化內涵，不致因與主流文化不同而產生自貶、自卑，反而更加主動追求自我認同與自信的建立。

多元文化主義興起後不久，隨即影響教育領域，激盪出多元文化教育議題的熱烈討論。一開始是移居美國的黑人為爭取教育權，幾經努力後終在1945年由美國最高法院作出判決，廢除公立學校的種族隔離制度（陳素秋，2005）。後來境內的少數民族要求學校進行課程改革，促使課程內容能反映少數民族的經驗、歷史及文化觀點，也促進各移民族群能珍視和保存固有的文化特質，期能達到和睦共處、公平正義的教育理想目標（陳枝烈，1999；張四德，2001；黃純敏，2000）。

Banks（1996）指出，為達成多元文化教育目標，應將學校視為一個小的文化體系，注意態度層面的學習與調適，布置適當環境並將族群文化融入課程，藉以破除文化壁壘。因此，多元文化教育也經常被視為一種「反偏見的課程方案」，透過多元文化課程的設計與實施，期能建構一個充滿智性、自信及文化互動的學習情境，幫助學生更加認識多元文化與族群的生活，並建立正確的價值觀。Schwartz（1998）也認為，學校教育應提供反偏見與衝突解決的課程，培養學生寬容胸襟及解決衝突的能力。而這必須仰賴多元文化課程，學生可透過角色扮演、合作、參與及與團體討論等學習活動，藉以弭平文化差異並學會尊重、欣賞其他文化。

由此可知，多元文化教育的特性應有下列三點（李苹綺，1998；江雪齡，1996，2000；陳枝烈，1999）：

1. 文化包容性：主張尊重、接納及欣賞各族群特色，建立一文化交融社會，培養學生具有多元價值觀，面對各文化差異時能具有包容及正向的自我認同。

2. 批判思考性：主張教育機會均等，並能批判單一文化或主流價值的控制，培養學習者成為具有轉型知識和社會行動的能力。

3. 科技整合性：主張多元文化課程設計須兼顧不同族群學生的需求，鼓勵學生學習異文化，以擴展自我視野。

綜言之，多元文化教育是一種教育改革理念和運動，一方面教導學生熟悉自己的文化，培養自尊、自信，另方面教導學生理解和欣賞其他微型文化、國家文化及世界文化，培養包容態度，藉以消除偏見和歧視，使每個學生都有相同的學習機會，都能體驗成功的學習經驗，使族群關係和

諧，促進全人類共存共榮（黃政傑，1995：102）。

　　不過，見諸目前國外文獻對多元文化主義的論述已有其他見解，其中認為多元文化主義可能已成為一種忽視階級或社會結構根本性問題的語詞；意即對於多元文化的重視似乎演變成弱勢族群的展演，或將弱勢族群加以異國情調化的一種藉口。例如多元文化教育所強調的教育機會均等，可能隱含另一種「文化霸權」，當然無人否認應該對文化不利的地區或族群提供教育補償，例如許多歐美國家所實施的教育補償計畫，其理念雖秉持社會公平、正義，重新分配教育資源，其背後卻隱隱流露出主流文化的宰制心態，例如可能沒有真正重視弱勢或少數族群原有的文化價值；無法針對學生需求提供適性的教育內容；無法引導學生體會自我及族群的價值，促使學生認同自身文化；未能喚起弱勢族群爭取自身權益的意識；未能針對所有學生實施多元文化教育；無法培養每位學生具有多元的公民教育素養；未能提供所有學生具有相互欣賞、學習和反省的機會（Gay, 2000；簡成熙，2000）。

　　美國華盛頓大學Gay（2000）出版《文化回應教學：理論、研究與實踐》，以其身為非裔美國人的身分，對美國的多元文化教育提出許多批判。Geneva Gay關切如何提升弱勢族群學生的學業成就，例如：「為何有色人種學生在校外許多方面的表現都很傑出，然而在校內的表現卻非如此？」事實上，這個問題的癥結點在於弱勢族群學生的文化差異，學校的課程與教學無法適當地因應需求並加以調整所致。因此，當前多元文化教育面臨的批判在於：如何喚起教師重視弱勢學生的文化差異？因此建議實施「文化回應教學」，促使課程目標和內容都要能適當地反映其母文化，教學方面也應配合各種學習型態與溝通方式，如此方能有助於提升弱勢族群學生的學業成就。

(二)與課程改革本土化的關聯

　　多元文化教育可視為推動課程改革本土化的立論之一，其理由主要有三（胡育仁，2000：24；陳麗華、彭增龍、張益仁，2004）：

1.重視弱勢與邊緣知識

多元文化教育強調「他者」，並認為主流文化外的邊緣知識也是構成多元民主社會的重要部分，必須重視弱勢與邊緣團體的存在價值。課程改革本土化的目的正是期許透過課程改革，提供各弱勢族群學生有良好的課程調適，不再成為教室裡的「客人」。相反的，能與其他學生一樣成為學習的主人，有效提升學習成就。

2.尊重差異與文化認同

多元文化教育肯定各族群與文化間的獨特與差異。多元文化課程設計的目的，在於提供學生接觸、欣賞異文化的機會，藉以消除文化優越感，並進而促使學生對於本土文化產生認同與情感歸屬。以九年一貫課程為例，基本理念中主張「瞭解自我、尊重與欣賞他人及不同文化」。基本能力「尊重、關懷與團隊合作」希冀培養學生具有民主素養、包容不同意見、平等對待他人與各族群的能力；基本能力「文化學習與國際瞭解」希冀培養學生能認識並尊重不同族群文化，瞭解與欣賞本國及世界各地歷史文化，並體認世界為一整體的地球村，培養相互依賴、互信互助的世界觀（教育部，2004a）。由此足見，與課程改革本土化的基本立場相符合。

3.機會均等與社會正義

多元文化教育反對文化霸權，強調分析特殊性背後的權力運作，避免差異而產生不公平，達成多元、差異、尊重及平等的教育目標，期許所有人具有多元價值觀。課程改革本土化的目的，亦在追求觀念上的轉化、改變與創新，使學生感受社會公平與正義，並享有積極性的教育機會均等，不再只是齊頭式平等。

綜上所述，以美國來說，長久以來就是一個文化多元的國家，異文化與異族群間的互動頻繁，無論新移民或久居者都能感受到文化多元帶來的衝擊。根據研究（Arends, 2004），預計美國迄2020年，將有45%的公立學校的學生都是有色人種；迄2050年後，正統的美國人反而成為境內的少數族群。

反觀臺灣的境況何嘗不是如此。由於荷蘭、西班牙、漢人移民、原住民及日本統治等因素，臺灣早已成為多元文化的移民社會。近五十餘年

來，倘加上由中國遷徙來的外省籍住民與東南亞等國婚嫁而來的外籍配偶，族群內涵已包括閩南、客家、原住民、新住民及新移民（含外籍配偶、及其子女）等五大族群。是以，多元文化教育的實施已刻不容緩。

以新移民子女為例，由於處在文化及社會不利的境況，必須重視下列課題：如何協助移民者發展族群文化？如何透過課程設計實踐多元文化教育理念？如何達成多元文化課程目標？如何設計多元文化課程內容？或許其長相與一般學生有些許不同，或許其有個外籍母親，但其生活與所有人密切關聯，形同「命運共同體」。推動課程改革本土化的同時，也應協助其解決教育需求和課程調適的問題，給予尊重、欣賞和肯定。如此一來，方能為臺灣的未來開拓出更寬廣的發展道路，更加豐富整個社會的文化內涵，以有效促使各族群「攜手並進」共創美好未來（吳錦惠、吳俊憲，2005）。

四、社會重建主義

社會重建主義（social reconstructionism）是一種危機哲學（philosophy of crisis），同時也是一種希望哲學（philosophy of hope）。因為社會重建主義者強調，當社會弊病叢生、社會價值扭曲且瀕臨危機時，為了解決社會問題、重建社會的美好與理想，學校教育應負起創造社會新秩序的責任，進行課程改革，以培養學生具有重建社會的能力（Counts, 1978）。茲分別闡述其興起背景、代表人物思想、教育內涵及其與課程改革本土化的關聯。

(一)興起背景

Allan & Francis指出，重建主義哲學始於19世紀早期的社會主義與烏托邦的思想（引自方德隆，2004：92）。不過，社會重建主義的興起與20世紀後在美國陸續衍生的各種社會問題息息相關。1940年代正值美國經濟大蕭條、社會民生凋敝、失業率大增、種族嚴重歧視及貧富差距加大，接連又發生第二次世界大戰、韓戰爆發、蘇聯的史潑尼克號（Sputnik）衛

星升空及古巴飛彈危機等，使整個美國社會充斥矛盾和不安。於是有一批學者開始檢討當時盛行的進步主義，認為學校教育過度重視兒童中心，忽視教育應該扮演的社會功能與角色，因此主張進行社會改造，尋找解決國家危機之道，於是G. S. Counts、H. Rugg等人的主張成為社會重建主義的基本內涵。

Counts對進步主義提出批判，深切地指出學校應成為社會變遷的推手與社會改革的機構。他說：「假如進步主義真的是進步的話，它必須公平且勇敢地面對每個社會議題，瞭解生活中冷酷的現實，與社區建立有機的關係，發展實際與廣泛的福利理論，塑造人類命運富挑戰性的願景。當強迫接受與灌輸的程度比今日更少時，進步主義將不再令人畏懼（Counts,1978: 7-8；方德隆，2004：92）。」

二次世界大戰結束後，人們深刻體會戰亂帶來物質上的破壞，連人類的文化與文明都有摧毀殆盡之虞。是以，Brameld體會到一個社會的重建，最重要的在於文化的重建，倘若文化潰決，還能寄望社會能帶給人們幸福的生活嗎？（引自徐宗林，1992）此與「皮之不存，毛將焉附」的道理是相同的。因此Brameld吸收其他哲學理論的基礎，強調文化實體的分析，不再延用「社會」二字，轉而高舉「重建主義」（reconstructionism）的旗幟（Stanley, 1992:16-21；李涵鈺、陳麗華，2005），使得一度衰微的社會重建主義獲得重振與發揚。

(二)重要思想

社會重建主義的重要代表人物主要有三：G. S. Counts、H. Rugg及T. Brameld。茲將其重要思想要義闡述如下：

1.Counts的思想要義

Counts是社會重建主義的先驅人物，他在眾多著作[1]中所探討的重點，

---

1 Counts的重要著作有：《The selective character of American secondary education》（1922）、《The social composition of boards of education》（1927）、《School and Society in Chicago》（1928）、《Dare the School Build a New Social Order?》（1932）、《The Social Foundations of Education》（1934）、《The School Can

均在於學校教育功能與社會問題解決的關係。他批判當時的進步主義過於軟弱，學校教育功能不彰，既無法協助社會重建秩序，亦無法促進社會文明進步。他在1932年的進步主義教育學會年會中，即以〈學校敢於建立一個新的社會秩序嗎？〉（Dare the School Build a New Social Order?）為題進行演說，之後這篇演說稿出版成書，成為社會重建主義論者的代表經典。

　　Counts斥責許多教育改革就像科學家在實驗室裡研究白老鼠般的冷漠心態；他也痛陳學校教育失敗的原因，在於過度依循統治階級或集團的期望進行強迫性的施教，教師也缺乏足夠勇氣和智慧幫助社會建立願景，以達成改造社會、重整文化及重建文明的目標。故為提升學校效能，必須使學校成為建立社會文明的中心，而不只是沈思文明的中心，培養學生能投注忠誠和熱情去實現改革的願景（Counts, 1978:25-33），如此方能帶領國家和人民走出布滿危機的十字路口。此外，他在1934年擔任《社會先鋒者》（The Social Frontier）期刊的創刊總編，在其帶領下，該期刊在發刊的十年內，不斷地針對當時許多社會不公義的現象、社會階級再製問題、學校教育與課程改革等方面提出省思和批判。

2.Rugg的思想要義

　　同一時間的另一位學者Rugg，批評當時的進步主義未考量到人類重要的社會情況和問題，忽略學生生活經驗與社會脈動的結合，於是將社會重建的理念與實際相結合，致力於編寫教科書。他和工作團隊共同研發一套名為《人類及其變遷中的社會》（Man and His Changing Society, 1929-1932）的中學社會科教科書。這是一部採科際整合取向（interdisciplinary approach）設計而成的教科書，以美國當時的社會問題或議題（issues）做為課程組織的核心，將歷史、地理、公民、政治、經濟及社會等相關領域的課程內容加以整合，帶領學生接觸當下發生的各種社會問題，並實際參與社區和公民活動，幫助學生對社會議題建立明確、獨立的批判觀點（甄曉蘭，2004）。要言之，這套教科書的編輯目的，希

Teach Democracy》（1939）、《Education and American Civilization》（1952）、《Education and the Fundations of Human Freedom》（1962）等。

冀培養學生具有深究問題、解決問題、社會批判、社會分析、實際行動及真實探究的基本能力，讓學生的個人學習經驗、社區生活及社會議題產生聯繫。估計這套教科書在美國有超過五千餘所學校使用過，曾經閱讀過的學生則有超過七百餘萬人，足見其影響力之大（Rugg et al., 1969; Stanley, 1992；李涵鈺、陳麗華，2005；單文經，2004）。

舉例來說，這套教科書在設計課程內容時，經常提出許多當下的社會議題，並提出一些看似衝突卻又發人深省的問題，然後要求學生加以批判或撰寫心得，例如：「人人都擁有工作權嗎？」「大多數的人們並未擁有一個真正受保障的生活，為什麼？」「所有的美國人都共同提升生活水準嗎？」「為什麼全世界最富裕的國家中，仍有數以百萬計的窮人居住在黑暗、狹窄又衛生條件不佳的房子裡？」課程實施的過程，Rugg建議教師應指導學生實際拜訪不同階級的家庭，踏查低社經背景的社區生活，藉由社會行動的歷程（如訪談耆老、服務學習、戶外教學、社區踏查等活動），發掘社會的現實面，體驗社區的生活，並進而產生關懷社會之情（Carbone & Wilson,1995；李雅婷，2005）。

3.Brameld的思想要義

1940年代左右，二次世界大戰爆發加上愛國主義瀰漫，使社會重建主義曾一度衰微。戰後，社會各層面進行重建，Brameld標榜社會關懷要旨，喚起世人重新關注社會重建主義，另為獲得更多人認同，也希望注入新素材，他採取折衷的觀點，詮釋重建主義、進步主義、精粹主義與永恆主義四種哲學立場的本質與關係。此外，他強調社會價值觀的重建和社會文化改造，主張對當前社會的主流文化結構、習慣和態度進行重建，使社會更符合民主，更適合生活（Brameld,1956；李涵鈺、陳麗華，2005）。

Brameld的重要著作有三，分別是：《教育哲學之類型》（Patterns of Educational Philosophy, 1950）、《邁向重建的教育哲學》（Toward a Reconstructed Philosophy of Education, 1956）、《教育即力量》（Education as Power, 1965）。在第二本書裡，Brameld主張所有的意識型態都是由社會歷史脈絡中形成，它通常會經歷以下三個階段：其一「社會文化變遷的初期」階段，意識型態具有烏托邦的理想潛能；其二「社會

文化發展的成熟期」階段，意識型態與社會文化的實體越趨接近；其三「社會文化發展的衰微期」階段，意識型態即與真實的文化產生脫離。Brameld認為當前社會正值第三階段，社會文化的脫序已相當嚴重。故教育必須引導學生瞭解社會改變具有正當性及迫切性，為求解決社會問題、尋求共識，必須從轉化社會文化、重建社會價值做起（Brameld,1956）。

(三)教育內涵及其影響

1.關切教育能否改善社會問題

誠如Counts（1978:7）指出：「一種教育，如果不能盡力促進對世界做最完整且透徹的理解，就不配稱做教育。」社會重建主義者認為，學校不再是階級再製的場所，相信教育足以解決社會問題與文化危機（Stanley,1992:21），學校教育也負有社會改造的責任。教育做為重建社會的重要途徑，也做為社會重生的主要力量，必須與社會秩序的活力與創意相連結，而教師所扮演的角色，即做為銜接學校與社會間鴻溝的橋樑（Counts,1978:28）。因此，鑑於現今社會仍有許多人處於弱勢和被壓迫的境況，如何協助其增能（empower），使社會邁向理想之境，一直是社會重建主義者所追求的理想。

2.重視社會民主與文化重建

社會重建主義者揭櫫社會民主的理念（Bussler,1997），主張人們應致力在社會、經濟及教育組織中建立民主的社群，實現社會民主的理想。是故，在民主的教室裡，如何教導學生認識民主社會發生的衝突議題？如何教導學生瞭解人際與內省價值的關係？如何幫助學生在課程與教學中獲得覺醒（awareness）、增能（empowerment）及行動（action），都將成為學校教育的重要目標。此外，Brameld也主張應建立民主的社會型態，因為文化是人們社會生活經驗的主要來源，因此以文化做為社會重建的基礎，教育即成為文化傳遞與再建構的重要途徑（Bussler,1997:54；徐宗林，1992）。

3.產生的影響

社會重建主義對於後世造成的影響既深且遠。Ornstein & Hunkins認

為，受到社會重建主義的影響，概念重建論者（reconceptualists）關心社會、政治、經濟及意識型態等層面，處理有關社會經濟關係、性別與種族的角色與態度、勞工與資本的關係，及政治權力造成的不公平與衝突等議題（引自方德隆，2004：97）。是故，1970-1980年代的概念重建課程學者，如M. Apple、W. Pinar、和H. Giroux等人，致力於探究學校教育不公平的來源，關心下列各教育問題：知識如何在學校中被重新製造？學生在學校所習得的知識來源為何？學生與教師如何對學校生活經驗中所傳遞的事物產生抗拒或爭論？學生與教師從學校經驗中獲得什麼？學校中有關學生的利益或關注的事物有哪些？這些被關注的事物或利益是否朝解放、公平及社會正義進行正向發展，或朝反向發展？（Tanner & Tanner,1990）

　　此外，社會重建主義也影響批判教育學者，例如巴西教育家P. Freire在《批判意識的教育》（Education for Critical Consciousness）揭櫫「教育即自由」（education as the practice of freedom）的理念，主張教育目的在爭取文化的自由。他認為現今學校教育只是疏離與宰制學生的場域，那是非人性的。故主張教育即「意識化」的教育歷程，應給予個體擁有更多行動的自由，培養批判意識，促其瞭解教育是建立在壓迫基礎上的一項行動，必須透過批判意識重新建立人與世界間的真實關係，並導正人性本質。因此，他在巴西倡導識字解放運動，並鼓吹意識化的教學方式（Freire, 1985, 1993, 1997）。

㈣與課程改革本土化的關聯

1.強調課程改革與社會連結

　　前已提及，每當社會瀕臨重大危機或變動，社會重建主義便易受重視，因其強調梳理教育與社會間的複雜關係，揭發學校教育中的不公不義，促使社會導向理想改革之境（臺北市立師範學院，2005）。省思國內情形，自1987解嚴後，民主風氣頓開、民間團體紛起、自主意識激昂，改革浪潮從政治席捲至社會、經濟及教育等領域。以教育改革為例，課程改革本土化似乎已躍然舞臺，從四一○教改聯盟、教育改革總諮議報告書，再到鄉土教學活動、鄉土藝術活動、母語教學、鄉土語言教學、編輯《認

識臺灣》教科書、設立臺灣人文學門相關系所、成立教育部本土教育委員會、推動中小學教科書本土教育內容評鑑及修訂九年一貫課程綱要等，這些改革議題均與社會脈動緊緊相扣。

生活在臺灣的每個人，其命運、情感及生命緊密相繫，如何愛護臺灣已是所有人的共同責任。當前需要透過課程改革來教導學生如何愛護自己生長的土地，培養在地關懷的特殊情感，建立社區公民意識，並願意主動地參與改造理想社會的工作。「他山之石，可以攻錯」，此時社會重建主義的提出，或許可為重建理想的臺灣社會尋繹出一條新的出路、帶來希望。

2.重視社區營造與公民意識建立

社會重建主義者認為，學校負有透過民主的過程來轉化社區的任務，因為學校是社區發展的催化劑（李涵鈺、陳麗華，2005）。因此，社會重建取向的課程改革，強調學習者參與社區生活，並致力實踐公民社會。課程設計宜以社區資源為素材、社區議題為核心，藉以培養學生的探究及參與公民社會的能力（臺北市立師範學院，2005）。

行政院文化建設委員會自1994年起提出「社區總體營造政策」，其目的在於激發成員對社區產生熱愛與認同，主動關心社區裡的人、事、物，凝聚社區成員具有共同體意識，改善社區生活環境，建立社區文化特色，而後漸進完成「打造新城鄉、形塑新文化」的理想（文建會，無日期a）。近來，教育領域受其影響，亦將社區營造的概念引進學校課程發展，希望透過課程引發學生主動關心社區生活，進而增進對本土的熱愛與認同。例如臺北縣推動「社區有教室」課程方案、花蓮縣富源國中推動「社區學校營造」及宜蘭縣提倡「社區學習」等（文建會，無日期a），運用社區營造原理，以學校為基地，建立起學校、家庭及社區三者間的聯繫。

要言之，社會重建主義源自美國，約在1950年代始有學者將相關理論引進國內，並曾於學校進行課程實驗，只是未久即因為當時的時空背景及經費不足等因素而停辦。由於解嚴後帶來多元、開放，民間自主意識覺醒，近年來若干學者與教育實務者陸續提倡「社區有教室」（余安邦等，

2002）、「社區總體營造課程」（劉曜源、李雅琳，2005）及「社會行動取向課程改革」（陳麗華、彭增龍、張益仁，2004）等。仔細省思，面對當前社會急遽變遷、社會問題叢生，實有必要重新檢視社會重建主義的意義與價值，並試圖結合課程改革，使學校不再只是「象牙塔」或知識傳授、解惑的場所。它應肩負起更艱鉅的社會責任，教導學生具有社會行動和實踐力，反省社會價值、批判社會議題並能主動關懷社會。

第三篇

教育實踐

第五章

本土教育的實踐理念與內涵

壹 本土教育、鄉土教育及全球教育的關聯

　　鑑於多數人對於本土教育與鄉土教育一詞的概念混淆並用，也有人誤認為本土教育與全球教育是相對立的概念，故本章先闡述當前在學術研究與實務界所論述有關本土教育、鄉土教育及全球教育的概念及其間關係，再次闡明本土教育的基本理念、概念要素及重要內涵的形成。

一、本土教育與鄉土教育

㈠兩者是相容但範疇不同的概念

　　本土與鄉土一詞易遭混用的原因，在於兩者關切焦點均在「斯土斯民」，亦即一群人生活在共同的土地上，形塑出共享的關懷情感。如同莊萬壽（2003：183）認為，鄉土即「家鄉的土地」，是每一個人出生的地方，包括出生及成長的生活所在，無論在農村、山區、海濱或小鎮、城市，凡是居民共同認同的生活空間，均稱為鄉土。因此本書歸納出兩者在空間指涉或定義範疇是彼此相容、相近的概念，均強調要認識家鄉裡的歷史、地理、族群、語言及文化等。惟可就範圍廣狹來區分，雖然有人主張從「相對性」來看，相對於宇宙，地球是本土也是鄉土；相對於西方，東

方是本土也是鄉土；相對於歐美，亞洲是本土也是鄉土；相對於中國，臺灣是本土也是鄉土；相對於中央政府，地方縣市是本土也是鄉土；相對於縣市，鄉鎮是本土也是鄉土。但本書所持觀點是「本土大於鄉土」，本土可視為大範圍的鄉土。例如鄉土音樂通常是指民間自然流傳的音樂，而本土音樂則是歷經音樂藝術家或作曲家結合在地的獨特性所創作出的作品，故本土音樂的範疇大於鄉土音樂。

(二)兩者的興起背景與特性上有所不同

本書試圖為「臺灣本土」釐析出一個合理、適切的定義，因此須爬梳其概念性質或特性，據以尋繹其與鄉土間的差異。歸納較顯著差異處在於，本土經常是因一個國家或區域面對外來勢力入侵，為謀生存、自主與獨立而起。例如談到本土，常易與「去好萊塢化」、「去麥當勞化」、反殖民、反白人文化等有密切關聯；而鄉土則是注重地方特色的展現，大多指一個國家或區域內部對於集權統治或文化霸權的反動而起，例如過去在大中國意識下將臺灣視為鄉土。

要言之，人們強調本土的重要性，經常是因為面臨外來勢力（包括土地、經濟、文化等）的入侵，為求保家衛國、尋求獨立自主、振興本土產業、突顯文化特色及尋回認同自信，於是倡導本土藉以凝聚人民共識，反擊外來勢力。以國內為例，臺灣的本土文化原是深植於人民日常生活中，但因長期受到外來政權的統治及外來文化的壓抑，難以找到宣洩出口。直至政治解嚴、社會日趨民主及開放後，方使本土文化受到重視。

那麼，本土是否能抵抗外來強勢的文化？以電影產業為例，美國好萊塢製片似乎已成為一種全球化現象，電影情節經常夾帶西方的文化意識，對許多國家而言彷彿在進行文化植入，也迫使當地的電影產業難有生存空間。然而，近年來華人導演李安執導的電影揚名國際，屢獲許多國際大獎殊榮。究其成功原因，他將外國的電影拍攝技巧，巧妙地結合華人生活和傳統文化要素做為題材。另一位同樣享譽國際的華人導演吳宇森，亦是運用西方的技巧去傳達華人的特色與文化，其拍攝的動作電影風格，帶有仁義作風、真摯情感、細膩心理描寫和幽默感等元素。由此可知，本土雖大

多起自抗拒外來，但也並非排除外來的一切，而是在過程中積極地吸納外來優點，並與本土的文化特性加以結合。

(三)本土教育在內涵上是超越鄉土教育的

莊萬壽（2003：183）認為，臺灣的本土文化是指臺灣的整體，尤指臺灣文化為主體性精神；它是以鄉土文化做為基層的內涵，但與鄉土文化並不相同，本書亦採相同觀點，主張本土的範圍大於鄉土。鄉土多半具有地域性，是指自己生長的家鄉、鄰里、社區及縣市，因此鄉土教育的目標在於，透過教育歷程促使受教者能知鄉土、愛鄉土，並建構永續發展的鄉土。鄉土教育的內容的核心多半在於縣市、鄉鎮，教導學生認識住家或社區鄰近的人文歷史、自然景觀、廟宇慶典和民俗活動等。例如在臺北縣三峽鎮的鄉土教材會納入清水祖師廟，臺南市則有億載金城、安平古堡及赤崁樓等，包括各鄉鎮區域的開發史也會納入。

本土教育則是以整個臺灣做為教育內容的主要範疇，因此除涵蓋鄉土教育內容外，更強調從整體面來教導學生認識臺灣的歷史、地理、人文和社會等內涵，培養學生具有「身為臺灣人，不可不知臺灣事」的意識，進而能認同臺灣、熱愛臺灣，並為永續發展臺灣而努力。故臺灣本土教育在內涵上，是指舉凡在教育上的一切措施能符合臺灣本土的實際狀況與需求，其涵蓋的學科或學習領域包括本土音樂、本土美術、本土史地、本土文化、本土體育、本土語文、本土自然及本土社會等，它是奠基於鄉土教育，卻超越鄉土教育的；它是以臺灣本土做為教育的基礎或核心，幫助學習者認識臺灣的鄉土史地與人文情懷，致力尋繹臺灣本土獨特的教育模式，並發展身為臺灣人的主體意識。

(四)本土常夾雜著當地人們的情感因素

一提到「本土」，有人可能會聯想為描繪低社會階層者的生活狀況，會認為那是不夠高尚的。如同與父母長輩談及臺灣早期的生活情形，話題幾乎總圍繞在臺灣人被日本人抓去當南洋軍伕、童養媳受虐不堪的生活、佃農和勞工家庭貧苦等，彷彿生活都充滿苦悶與壓抑，也似乎患得一種失

憶症，忘記了臺灣本土和周遭生活還有許多美好的事物。

由此足見，本土的意義經常夾雜許多矛盾、複雜、掙扎、苦悶及糾結的情感與心理因素。有些人看待本土，會流於邊陲觀而心生感慨；有些人會基於民胞物與的情懷而加以詮釋。舉例來說，一位音樂家早期所接觸的是西洋音樂，因而本土音樂在其生活裡是被輕忽的，儘管它就經常出現在日常生活中，卻覺得它是價值不高的，因此人生追求的目標就是負笈國外學音樂。某日，在課堂上被外國老師點名演唱自己國家的曲目作品，於是便選擇了一些平日熟悉的作品演出。結束後未臆料竟被外國老師批評：「這個作品裡，我聞不到你們國家的氣息！」於是刺激了這位音樂家思索：本土是什麼？本土的價值在哪裡？心裡面的許多感觸一下子都宣洩了出來。

二、本土教育與全球教育

本書想進一步瞭解：當前為提升臺灣整體的國家競爭力，必須走向全球化和國際化。那麼，本土教育如何接軌全球化和國際化？其間的關係為何？

Robertson（1992）曾提出「全球在地化」的概念，他主張與世界接軌，也要紮根本土。然而這容易面臨以下問題：在接軌世界的同時，由於兩種或多種以上不同的文化相互接觸，易生摩擦衝突，或有文化消失之虞，應當如何解決？以臺灣的本土歌仔戲為例，若要接軌國際，不只是到國外演出供外國人欣賞而已，除了展現獨特面外，更須進一步讓外國人對這樣的表演藝術產生理解、獲得感動，否則歌仔戲對外國人而言只是一項異國的戲劇藝術而已，兩者間的隔閡依然存在。

另一項問題在於：如何增進本土化與全球化的關聯性？事實上，將本土化發揮到極致就是全球化。例如一位學校老師在編寫教材時，內容不可能只侷限在社區裡，還須思考如何從學生生長的空間及生活經驗擴大其範圍，到最後便能與全球產生關聯性。

貳 本土教育理念及其內涵的形塑

　　臺灣本土教育理念包含許多概念要素，在歷史變遷的脈絡下，互相揉合、交織，促使臺灣本土教育的重要內涵逐漸具體成形。本書歸納這些概念要素有：臺灣主體性、多元族群文化、社區共同體、後殖民論述及政治意識型態等。

一、臺灣本土教育的基本理念

㈠回歸教育本質

　　教導人們認識生活週遭的人、事、物，並認同自己生長的土地，原是發乎自然的。「教育即生活」，當學習與生活經驗結合時，才會感動學習者，易見學習成效。因此在中小學課程裡實施本土教育，原屬於正常課程與教材的一部分，無須特別強調。

　　然而，因著獨特的歷史背景，加上政治意識型態的影響，使得國人對於本國和本土的認同產生疑慮、爭議，連帶也使得人們對於愛鄉土、愛本土及愛國家的價值觀南轅北轍。故本書認為，臺灣本土教育的基本理念必須回歸教育的本質，關切教育內容如何與人們的生活及成長的土地產生關聯。以教科書為例，大多會先談自己國家的歷史，再談及國外的歷史，但在臺灣卻非如此。

　　世界多數的正常國家或社會，其教育內容都是從本土教育出發的，亦即以學生生活經驗做為出發點；其教材發展大多是「由近而遠」，由學生最熟悉的家庭和社區，到所居住的鄉鎮、縣市，再到整個國家，之後連結到全世界。但國內的教育卻常與學生成長的土地脫節，經常用一些虛擬的社區和人物（如自強村、小華、小明），這是悖離教育本質的。

　　此外，本書認為實施本土教育時無須刻意強調「本土」一詞，因為很多本土的東西都存在於日常生活、傳統文化、民間古蹟與社區活動中。以音樂教育為例，當音樂內涵與人們的生活經驗相連結時，無須強調是否為

本土音樂，就很自然地讓人感到親切、產生感動。但實施本土教育須植基於對臺灣的「關懷」，當國人不懂得關懷左鄰右舍，對國家的處境和發展漠然以對，只想到自己如何多賺一點錢，如何找門路到國外發展，只怕日後一有戰爭，國人都不知道應該為誰而戰？為何而戰？因此，惟有付諸情意層面的教育內涵才容易感動人心，也容易引發學習者的意願。

要言之，當前應從教育本質上尋繹臺灣本土教育的理念，實施臺灣本土教育並非意圖將學生培養成什麼樣的臺灣人，而是從學生的基本需求做為出發點，從貼近生活的經驗開始學習，促使學生主動關懷自己生長的土地、生活的人文社會及自然的生態環境等。

㈡「由近而遠，再回到近」的觀點

臺灣本土教育主張由自己生長的土地做為出發點，採取「由近及遠，再回到近」的觀點，以自己的主體性去觀照外在世界，多元地包容其他外來的各種文化，然後再以此做為對照，幫助更加認識自己，也更確立自己的主體性。事實上，臺灣的文化原本就具有很大的包容性，因為尋遍全世界，只有在臺灣同時可見西班牙、荷蘭、日本、中國及南島等文化內涵。現今強調臺灣本土或主體性，但不表示要去消滅其他文化，畢竟它們已成為所有人共同的文化財。

二、臺灣本土教育內涵的形成

㈠臺灣主體性

主體是事物最重要的部分，也是個人從事內在思維與認識外在世界的樞軸。惟有當個人成為完整的行動主體，能獨立、自主的行動，不受制於他人的宰制、操控，其主體性方得以展現。是以，臺灣本土所要追求的主體性，原應出乎自然、不待強求的。誠如莊萬壽（2003：55）所言：「任何人都是主體，是他個人思維和認識的主體。要認識外在世界，一定要經由認識的主體。亦即世界雖是客觀的存在，但對個人而言，是因有認識主體的存在而存在的。做為一個民族、族群，乃至如臺灣的社會，它既是內

在思維的主體，也是外在認識的主體。」事實上，從教育原理來看，每個人都有主體性，故能自主行動、建構知識。因此，要發揚臺灣主體性，自然可透過適切的教育措施來實踐。

國內關於臺灣主體性的主張，可追溯自《臺灣人四百年史》（1962年）與《臺灣：苦悶的歷史》（1964年）兩書，作者（史明、王育德）致力在臺灣史領域建構臺灣主體性的概念，認為臺灣近四百年來的歷史是一部被殖民史，從荷蘭、西班牙、明鄭、滿清到國民政府都是外來政權。因此，臺灣歷史與中國的關係是有區隔的，主張臺灣必須成為主權獨立的國家。此一論點，適成為日後臺獨論者追求獨立及建立臺灣共和國的理論依據之一。不過，陳昭瑛（1998：153-158）認為這樣的主張是缺乏正當性、已有預設前提（即：臺灣和中國是相對立的），為建立臺灣主體性便必須排除中國，其中牽涉政治意識型態。故主張必須將主體性視為絕對價值，使個人與整體產生互為主體、互相依存的關係。

此外，民進黨在〈族群多元國家一體決議文〉[2]中，闡述臺灣在歷史上是一個長期被殖民的社會，造成本土文化的式微崩解，族群文化與認同也面臨流失危機，因此必須重建臺灣的主體性。故主張：「建立臺灣主體性並非排外主義，……積極落實鄉土、母語教育，認真推動客家與原住民族政策，重建臺灣文化主體性，既非狹隘的地方主義，更不是偏激的排外主張。」

那麼，要如何以臺灣做為教育的主體？莊萬壽（2003）認為，要教導學生對自己的生活世界產生連結，不只認識臺灣，更能認同臺灣，然後致力於追求自主性、形塑主體性及凝聚國家命運共同體，這樣才能建構臺灣的主體性。

教育部公布的「2005-2008教育施政主軸」，將「臺灣主體」規劃為四大主軸之一，其目的旨在以「回歸教育本質」、「完成個人」做為理念的出發點，希望將臺灣主體建構在生命共同體及族群多元平等的基礎上，

2　民主進步黨族群多元國家一體決議文，2004年9月26日第11屆第1次全國黨員代表大會制定。取自2005年10月14日，http://www.dpp.org.tw/hitory/pub/LIT_6.asp?ctyp=LITERATURE&catid=1742

讓每一個學生能找回具備身為臺灣人應有的臺灣意識。例如：

> 每個人都有其立足點，強化臺灣主體旨在使教育回歸到每個人所生
> 活的時空環境，不宜把它狹隘化、泛政治化。做為臺灣的國民，身
> 在臺灣，具備臺灣主體意識應像呼吸空氣一樣地自然，……臺灣主
> 體性應建構在體認生命共同體、增進族群多元平等之基礎上，強化
> 「族群多元、國家一體」，以多元文化的「族群和諧」代替一元式
> 的「族群融合」。在教育作為方面，將採取發揚臺灣特色、尊重多
> 元文化、引領國力升級三種策略。（教育部，2004b）

教育部亦曾於2003年11月22-23日舉辦「本土教育研討會」，會議中首度提出本土教育的主軸精神為「think globally, act locally」，代表意義有二：其一在地全球化，旨在發現臺灣多元文化之美，與全球共享；其二全球在地化，旨在建構臺灣教育主體性（臺北市立師範學院，2003）。

㈡多元族群文化

早期的臺灣包括閩南、客家、原住民及外省新住民等族群，由於族群的文化歧異，容易因為不瞭解或誤解而產生歧視、敵對。尤其每逢選舉，族群議題便易受到若干政客操弄，結果造成族群間的衝突與排斥擴大。近年來隨著新移民女性及其子女的人數快速增加，已然形成國內第五大族群，由於面臨學習低落、文化不利和國家認同等問題，故新移民及其子女的教育議題已受重視。

面對臺灣社會的族群關係如此複雜，莊萬壽（2003：32）提出「文化小磁磚」觀點，認為臺灣文化就像一面大磁磚牆，嵌鑲著五彩繽紛的小磁磚，每一小塊皆有它原本的色彩與風格，但又是整面牆的一小部分，就像各族群能保持發展自己的文化特色，亦能學習不同族群的文化。誠如Banks（1996）所主張的多元文化觀，要培養學生具有瞭解、包容和欣賞不同文化的能力。

一個多元的社會，應強調尊重、接納各族群的文化差異，讓各族群

獲得共生、共存及共榮的平等機會。因此，在教育上應實踐多元社會價值，關切弱勢和非主流的群體，學校課程須教導學生如何用開放的心胸去學習和認識各族群文化和價值，就像江河容納百川一樣，營造一個具有多元價值及族群和諧共處的新社會（Bakken & Dermon, 1996；吳錦惠，2005）。

國內近年來相當重視多元文化教育議題，並明訂於教育施政重點，陳水扁在第10任總統就職演說中也宣示：「敞開心胸、包容尊重，讓多元族群與不同地域的文化相互感通，讓立足臺灣的本土文化與華人文化、世界文化自然接軌，創造文化臺灣、世紀維新的新格局[3]。」另外，在第11任總統就職演說中，他再提出「族群多元、國家一體」的觀念，指出：「不管是原住民、新住民、旅居海外的僑胞、注入新血的外籍配偶，包括在相同的太陽底下辛勤流汗的外籍勞工，都對這一塊土地有不可抹滅的奉獻，也都是臺灣新家庭不可或缺的一部分。不同的族群或許因為歷史記憶與民族情感而有認同的差異，但是彼此應該相互包容、用心理解[4]。」

綜上，多樣性是臺灣的文化資產，多元文化是臺灣文化的魅力（李翠瑩，2004）。是以，臺灣社會應視各族群都是臺灣的主人，摒棄同化、融合政策，包容差異、邁向共存共榮，以促進族群和諧的共同體為目標。的確，從長期的歷史演進來看，臺灣原本就是個具有豐富、多元文化內涵的社會，因此在推動本土教育的同時，除了積極善待各族群，協助其解決在生活、語言及教育等方面的需求和適應，更必須增進各族群間的文化交融，使臺灣文化獲得「創新」的價值內涵。

(三)公民社會及社區共同體

1930年代在美國興起社會重建主義，其理論重點在於：關切學校教育能否改善社會問題，揭櫫社會民主與文化重建工作，及重視社區公民意識

3　中華民國第十任總統陳水扁就職慶祝大會演說詞，取自2005年10月14日，http://www.mac.gov.tw/big5/mlpolicy/mp9212/mp01.htm

4　中華民國第十一任總統陳水扁就職慶祝大會演說詞，取自2005年10月14日，http://gptaiwan.org.tw/~cylin/China/2004/2004_05_20.htm

是否建立等。本書認為，公民社會乃植基於一個國家是否民主化，其人民是否當家作主，惟有如此，才能增進人民產生認同、共識、責任感及積極參與，也才能感受到人與自己、人與他人、人與社會間具有榮辱與共的關係。

國內在1980年代以降，受到政治解嚴影響，行政院文建會自1994年起提出「社區總體營造政策」，從文化藝術角度切入，藉以凝聚社區意識，改善社區生活環境，建立社區文化特色，期能改造社會文化，重建臺灣本土文化。教育領域受其影響，近年來也開始有學校在課程發展導入社區總體營造精神，希望從課程中帶領學生主動關心所處社區的人、事、物，並擴大對於整個國家產生熱愛與認同。誠如陳麗華、彭增龍、張益仁（2004）指出，一個國家要邁向成熟的公民社會，必須引導學生關注社區議題、肯定在地文化、認同社區及欣賞鄉土，並培養學生積極參與公民社會的各項活動、解決問題及批判思考的能力。

臺灣本土教育主張從地方性出發，強調教材內容須與在地生活和社區經驗相結合，讓學生感到容易親近，也讓家長能夠認同。由此可知，公民社會及社區共同體的建立適足以成為臺灣本土教育的重要內涵。其原因在於：讓學生從中小學教育階段學習如何關心社區公共事務，培養社區共同體的意識；等到年紀漸長，自然能主動關懷及參與社會公共事務，而非冷漠以對；最後期能形塑出公民意識、建立公民社會。誠如教育部在2005年公布的施政主軸行動方案指出：

> 所謂公民意識，就是清楚地知道做為一位公民應享的基本權利及應盡的義務，並以社會正義為原則，關心與熱心參與公共事務及改造社會。……在國民教育階段，學校更應該提供學生社區參與學習的機會，讓學生在周遭真實世界中試驗和探索，以粹練其參與社會生活的知能，為公民社會的到來鋪路[5]。

---

5 教育部施政主軸行動方案「1-3-5強化公民意識」（2005年9月修正），取自2005年10月15日，http://www.edu.tw/EDU_WEB/EDU_MGT/SECRETARY/EDU8354001/2005_2008/20041109.htm

㈣後殖民論述

後殖民論述關注第三世界國家在文化與意識層面的批判，希望喚醒被殖民者的意識，擺脫長期以來被邊陲化的處境。以匈牙利為例，因為過去受到政治入侵和殖民影響，該國音樂家柯大宜（Zoltan Kodaly, 1882-1967）乃提倡本土音樂，研發出一套獨特的音樂教學法，期能引領人民覺醒，並企圖發展出自主意識和實際行動做為反抗。

本書認為，臺灣自解嚴後就已進入後殖民時期。因為自國民政府實施黨化教育以來，灌輸學習者大中國意識，教科書編寫與內容選材也都依此原則，結果造成學生只知有中國而不知臺灣，只知黃河、長江而不知濁水溪。學生可以將長江流經哪些省份背得滾瓜爛熟，卻不知道阿里山的高山鐵路是世界罕見的，具有很高的價值意義，也不明白臺灣很早就登上國際歷史舞臺，例如在17世紀就有西班牙和荷蘭人陸續來到臺灣的歷史記錄。此外，教師似乎成為大中國意識的傳遞與再製者，卻渾不自知，如何喚醒教師的意識覺醒，如何打破因為後殖民所遭受的不公平境況，如何使學校不再處於社會的邊陲，如何使學生不再是社區裡的陌生人，這些問題極為重要、也亟待解決。

不過，也有另一種說法指出，黨化教育在實施方式和內容上或許必要檢討，但若屬於中華文化的教育內涵則不能稱為殖民教育，畢竟中華文化與臺灣、中國的關係密切，兩者並非毫無關係。

㈤政治意識型態

教育原本就易受政治介入，加上獨特的歷史背景及政治意識型態等因素影響，致使臺灣本土教育令人直覺是與政治相掛勾的，甚至與臺獨論述有關。事實上，「本土」一詞沒有那麼複雜，只是常常被貼上標籤；臺灣本土教育是不宜過度泛政治化的，其教育內涵不應帶有政治的價值或信念。本書認為，每個人都可以持有不同的政治立場，也可以支持不同的政黨，但在推動本土教育時必須「就事論事」，凡是符合學生需求的就應該教導，而非「就人論事」，否則教育將容易一直被有心人士牽著鼻子走。

現今有許多人將臺灣本土教育與「去中國化」劃上等號，認為過去在

教育領域裡有關臺灣的內容占的比例太少，藉由本土教育可以達到「去中國化」的目的。但本書並不贊同這種看法，因為實施本土教育的動機並非在此，乃是因為人們長期以來忽略在這塊土地上培養共享的認知和認同，有必要藉由本土教育去教導學生認識本土的地理、歷史、人文和社會等內涵。

最後，臺灣與中國在許多方面仍存有密切關係（例如中華文化），因此在討論臺灣本土教育實無須刻意切割這層關係。以音樂教育為例，臺灣本土音樂與中國音樂在內涵上或許不同，但仍存有某種程度的關聯。由此足見，實施臺灣本土教育的目的之一，旨在希望從教科書和課程內容提高有關臺灣本土內容所占的比例，畢竟我們就生存、生長在這塊土地上，對它認識、瞭解多一點是應該的，但這並非意謂一定要「去中國化」。

第六章

本土教育課程改革政策
的興革與發展

壹 課程發展、組織設立與資料庫編修

一、鄉土教育課程發展

㈠緣起與目的

　　國內早期尚無「本土教育」一詞,但與其相關的是鄉土教育或「鄉土」的課程設計與教學活動。由於過去受限於政治氛圍及其他主客觀因素的限制,使得國民教育階段所實施的教育內涵,幾乎不脫大中國文化與國家民族主義做為主軸,課程中有關臺灣鄉土的素材可謂相當貧瘠。近十餘年來,因著時代脈動和社會變遷才促使鄉土教育獲得重視。簡言之,其興起的原因為:其一,1971年退出聯合國後,激起人民凝聚出一股自主意識。隨後即展開鄉土文學論戰,鼓吹鄉土藝術尋根風潮,提倡鄉土寫實主義;其二,1987年政府宣布解嚴後,隨著政黨競爭、社會多元及國際局勢的改變,再度激起人民在本土意識上的覺醒。於是從民間產生自發性的「本土文化運動」,其影響力逐漸擴及中央,於是開始擬訂「立足臺灣、胸懷大陸、放眼世界」做為政治綱領,最後形成「鄉土情、中國心、世界觀」的教育方針與政策(單文經等,1997)。

　　推動鄉土教育的目的有二:其一,在於強化國人對臺灣本土的認識與

瞭解，藉由實施與生活貼近的教學內容和活動，來激發學生愛鄉、愛國的熱誠；其二，修正過去以中國意識為主的課程目標及內容，轉而納入較多有關臺灣及本土族群觀點的課程教材，以達到「教育鬆綁」的課程改革目標。誠如黃政傑、李隆盛（1995）指出，鄉土教育可以教導學生瞭解自身的鄉土文化，激發學生熱愛鄉土的情操，涵養自尊、自重的健全人格，進而培養瞭解、尊重及愛護他人鄉土的胸懷，更重要的是能凝聚國家民族文化。

(二)發展概況

　　1990年代可謂鄉土教育的蓬勃發展期，各項相關的課程政策主要由各地方縣市政府開始倡導。首先是臺北縣及宜蘭縣政府自1990年起相繼推動母語教學，編輯泰雅語、河洛語及客家語等母語教材。之後，中央政府部門也開始重視，1993年教育部長郭為藩提出「母語教學與鄉土教材專案報告」，然後委託學者進行研究，在1995年分別完成「國民中小學臺灣鄉土語言輔助教材大綱專案研究報告」（李鍌，1995）及「國民中小學鄉土輔助教材大綱專案研究報告」（歐用生，1995b）。

　　當時的總統李登輝曾數度在公開場合期勉教育工作者重視鄉土教育的發展，加上郭為藩提出「立足臺灣、胸懷大陸、放眼天下」的課程修訂原則，要求中小學課程標準的修訂必須強化鄉土教育，故國民小學及中學的課程標準分別於1993年及1994年完成修訂（教育部，1993，1994），正式將鄉土教育納入正式課程中。例如教育部為於教材中加重臺灣本土知識的比例，促使教材架構及內容朝向本土化修訂，在1994年訂頒「國民小學鄉土教學活動課程標準」，並於1996年正式實施；另於87學年度起在國小教育階段增設「鄉土教學活動」科目，規定三至六年級上、下學期每週必須授課一節，其內涵包括鄉土語言、鄉土文化及鄉土藝術等。在修訂國小社會科課程標準時，將課程目標從原先「培養學生具有愛國意識」修訂為「培養學生能愛自己、愛家、愛鄉土、愛國家、愛世界」。國中教育階段則增設「認識臺灣」（歷史篇、地理篇及社會篇）科目及「鄉土藝術活動」，主張在國語、美術及音樂等課程增加具有本土性的內容，也規定國

中和國小的「團體活動」課程中得開設母語教學、民俗體育、鄉土音樂及鄉土美術等活動項目。

然而，自從實施九年一貫課程以來，鄉土教育已不再單獨設科，一度曾令人質疑是否政府不再重視鄉土教育。深究之，其實相關的課程內容已被整合為具有統合性與關聯性的學習領域，例如原本國中鄉土藝術活動與「認識臺灣」課程已併入社會學習領域；母語教學與鄉土活動課程併入語文學習領域；國小低年級設置「生活課程」，則統合了社會、藝術與人文、自然與生活科技三個領域的學習內容等。鄉土教育課程發展至此，其階段性任務已經完成，現今更重要者，在於如何在鄉土教育的基礎上，轉化為實施本土教育，進而強調本土教育內涵、進行課程改革，增進學習者的本土認同及實現臺灣主體性的教育理想目標。

(三)問題評析

釐析過去政府推動鄉土教育課程發展的歷程與措施，其中舉舉大者包括：1.由教育部主導重要的課程政策發展方向，例如制訂或修訂課程標準、增設科目等；2.鼓勵各縣市政府辦理鄉土教學活動，包括專案補助各縣市編輯鄉土教學活動的教材及母語教材等；3.補助學術單位辦理學術研討會，藉以激盪並尋求社會大眾的共識；4.鼓勵各級學校發展具有鄉土意識的表演團隊，例如舞獅、舞龍、八家將或宋江陣等。

然而，盱衡國內教育政策的發展似乎經常出現「跟著熱門、跟著流行走」的現象，常前倡導本土教育政策，卻反而忽視鄉土教育，殊不知本土教育課程改革政策必須植基於鄉土教育課程的基礎，才易獲得長足且有效的發展。由此足見，本土教育課程政策有以下二項缺失：其一，較缺乏系統性和完整性的政策規劃；其二，似乎忽略了教育本質，讓人無法清楚瞭解實施本土教育的目的、內涵及具體落實的途徑。

有鑑於此，教育部未來應重新重視鄉土教育課程，然後在此基礎上規劃周詳且完整的本土教育課程改革計畫和策略。此外，教育部也應適當地發揮主導權，採取鼓勵而非放任方式來促使各縣市能主動配合發展，例如可以與民間機構合作研發鄉土課程教材或教學資源，以提供學校教學之參

考資料來源。

二、教育部本土教育委員會的設立

㈠設立緣起

　　教育部「國民中小學九年一貫課程暫行綱要」公布後，有鑑於社會大眾對鄉土教學活動及教材本土化內容之關心，並為持續落實推動具有主體性之本土教育政策，依據2002年5月29日第447次部務會報紀錄部長（黃榮村）指示事項第6點：「請秘書室函知國立編譯館儘速組成本土教育委員會，由部長擔任主持人，並辦理本土教材分析事宜；另請國際文教處蒐集世界各國本土教育推動情形供參」。

　　據此，2002年教育部正式成立「教育部本土教育委員會」，期以規劃與推動相關的本土教育政策。依據「教育部本土教育委員會設置要點」，其主要任務有四：1.規劃全國本土教育政策及未來發展方向；2.檢討及建議中小學本土教育課程之內容與定位；3.進行中小學本土教育系統、整體性之研究與評鑑；4.其他有關本土教育之規劃或諮詢事項。

㈡運作情形

　　本土教育委員會成立迄今已進入第三屆，茲將各屆召開討論會議的重點事項整理如下：

　　1.第一屆

　　⑴成立「鄉土語言教學評鑑小組」，負責制訂鄉土語言教材的評鑑原則與標準等工作。

　　⑵成立「中小學教科書本土教育內容評鑑小組」。

　　⑶研議關於臺灣文化主體的各項建議，提送九年一貫課程綱要委員會研參修訂。

　　⑷由教育部鼓勵各大學校院設置有關臺灣學術教育之學系。

　　⑸籌辦「中小學本土教育評鑑研討會」。

　　⑹彙編有關民國以來推動本土教育的歷史進程與實際教材。

(7)處理教科書中關於「開羅宣言」史實問題之定位。

(8)研商將本土相關課程列為九年一貫課程教師進修之開設課程。

2.第二屆

(1)請國家圖書館籌設「臺灣研究中心」。

(2)研修臺灣人文學科的未來發展，並研議與國中小學課程的配合事宜。

(3)請國內各大學校院臺灣人文學門系所，共同規劃臺灣人文課程。

(4)建請國科會有關臺灣人文方面之計畫、論文，應由適當人員審查。

(5)請教育部加強辦理國民中小學教師研習活動。

(6)請國語推行委員會積極處理鄉土語言閩南語拼音問題、300詞的進度、母語教材審訂、臺語及客語常用字典的編纂方案、臺語流行文化等事項。

(7)請國立編譯館積極辦理閩南語教科書審查工作。

(8)請國立編譯館積極籌辦「臺灣青少年文庫計畫」。

(9)研商推動鄉土語言的積極措施，包含師資培育規劃、教材審定及編輯、教學實施落實及社會教育推廣等。

(10)認識臺灣「歷史篇、地理篇、社會篇」譯成英、日文版計畫，建議型式改編，另續編語言篇、文學篇及文化篇，成為認識臺灣小叢書。

(11)請臺灣教師聯盟辦理以「臺灣教育主體性」為內涵的暑假人文科教師研習會。

(12)研擬「國民中小學開設鄉土語言選修課程應注意事項」，包括學生選習鄉土語言應通知家長；鄉土語言應規定在正常上課時間實施；應訂出各鄉土語言選習辦法；對於選習原住民語學生，宜輔導學生以父母或家長語言為優先考量。

(13)建議重視臺灣本土課程（如國中小鄉土語言課、高中臺灣史等）的師資培育，成立專案檢討現有大學專門科目必修學分、教師資格檢定考試科目的對應及相關法規。

(14)請國教司持續推動國際日活動，瞭解辦理外籍配偶母語學習情形，

另針對外籍配偶子女人數較為集中的學校，研議規劃辦理各該國母語學習課程。

⒂裁決本土教材宜由地方政府負責編纂，教育部負協助及督導執行之責。

⒃請教育部積極推動母語日活動，強化客語學習環境與使用。

⒄鼓勵各師資培育大學開設相關母語課程，及中小學鄉土語言教師在職進修課程。

3.第三屆

⑴建議籌製東南亞系列教學DVD，充實東南亞相關教材，並鼓勵各大學開設東南亞研究所。

⑵鼓勵各大學開設臺灣生態學研究所，促使相關研究所加強與臺灣生態環保有關議題之研究。

⑶規劃辦理全民閩南語分級檢定事宜。

⑷規劃提升國民中小學鄉土語言師資專業素養改進措施及各校現職教師鄉土語言認證事宜，並將鄉土語言師資合格比率納入統合視導考核項目。

⑸有關藝術與人文領域教科書納入更多本土素材的意見，請國立編譯館提供教科書編輯者參考。

⑹持續辦理臺灣閩南語羅馬字拼音方案推動配套。

⑺進行鄉土語言相關教學資源需求之市場調查。

⑻請國語會組成臺灣世界母語日推動小組，研議辦理臺灣母語日成果發表會。

⑼持續辦理各版本國語文教科書有關本土教學課文之展覽會，及「與國文作家面對面」相關活動。

⑽請國立編譯館組成「臺灣的一百五十個故事」、「節慶教學」之中英文專書小組，並進行初步規劃，藉以反映民間過節的真實風貌，凝聚社會意識與認同，進行創造性轉化賦予本土新意。

⑾研議籌製本土音樂CD與DVD計畫。

⑿協助師資培育大學設置教學資源中心，充實本土文史資源。

(13)研議將本土教育納入國中小九年一貫課程綱要重大議題之規劃方向。規劃原則宜兼顧不同族群的均衡性及多元文化共生觀念等。

(14)請國語會規劃辦理母語文學創作活動。

(15)規劃辦理校園母語師資認養族語家庭計畫。

(16)研修高中職學校課程綱要,以配合本土教育進行推廣。

(17)結合民間團體及基金會透過成人學習管道加強本土教育,並依地域特性分別規劃推廣計畫。

(三)問題評析

教育部本土教育委員會目前已完成上述多項具體成果,惟本書深究發現,該委員會在運作上尚須注意以下問題:首先是委員代表性的問題,分析一至三屆的委員名單,尚能視實際需要逐年更換部分委員,也逐漸擴大社會各領域專業人士的參與,惟部分委員的政黨意識鮮明,易讓外界質疑是否真正廣納各方意見。如此一來,對於所規劃的各項課程改革政策,恐易落人口實、產生爭議。類似的情形其實也發生在本土化教材內容教科書評鑑小組成員的身分或立場,例如:

> 目前教育部有一個「高中教科書本土化教材內容評鑑報告」,這些評鑑委員非常有意思,⋯⋯聘請來的大都是「御用學者」,⋯⋯教育部聘用的這些評鑑委員都不具公正的立場,看看他們寫的評鑑報告內容,所用的評語大都是這個「充滿大中國思想」、那個「充滿了⋯⋯」。(洪秀柱委員質詢,2003)[6]

其二,推動臺灣本土教育的重點在於教育本質,至於「本土」一詞只不過是實踐教育目的之討論範疇,意即在教育實施過程,必須關注臺灣本土的議題並關懷貼近人們生活的各種現象,是否成為教育的主要內涵。此外,從該委員會成員的專長背景來看,目前似乎以臺灣歷史、臺灣文學、

---

6 立法院第5屆第4會期教育及文化委員會第4次會議紀錄,2003年10月15日,立法院公報,92卷45期,頁67。

臺灣文化及政治等領域的學者專家居多，屬於教育領域的學者專家卻寥寥可數，此現象也值得省思和重視。

其三，委員會的象徵意義恐大過於實質意義。委員會自成立以來，在實際運作上，召開會議次數平均一年約3次，加上多位委員經常因故缺席，許多計畫只能委託少數委員協助規劃和執行，未來能發揮多少實質效益，恐令人質疑。

三、臺灣參考資料庫的編修

㈠編修原因與目的

有鑑於目前有關臺灣歷史與臺灣文學等參考資料未能有系統地加以蒐集並建立檔案資料庫，常造成即便教師有心教導臺灣本土的相關內涵或知識，即使學生或社會人士有心想閱讀以增廣見聞、豐富學識，也不知如何取得資料。是故，國立編譯館依據2004年4月16日「教育政策白皮書」研商會議部長（黃榮村）指示，開始擬訂「青少年臺灣文庫編審出版計畫」。該計畫目的有二：其一，為當今中學生構築臺灣歷史圖像及培養臺灣文學內涵。為增進青少年對臺灣文學、歷史及文化脈絡發展之認知，培養愛臺灣的情懷，提供中小學教師教學、學生學習參考運用，計畫有系統地蒐集、整理與臺灣文學、史實等相關且適合青少年閱讀之詩詞、散文、小說、史料及事件等各類文學作品與歷史資料。其二，為深化土地認同、塑造臺灣新公民。除對青少年具啟蒙性及教育效能外，重視臺灣主體意識及臺灣認同，期有助於青少年以更開闊、寬容的態度建立臺灣文化的主體性。

㈡使用對象及運作情形

此套文庫一開始規劃便設定做為中學生的補充教材，或教師教學時的

參考用書。閱讀對象設定在12至18歲的青少年，其原因是考量閱讀年齡層所需具備的抽象邏輯和演繹思考的能力。由於史料文獻要轉化成為適合閱讀的圖書資料不易，加上可能涉及語言發音等問題，故適用對象並不考量向下延伸至國小教育階段。

此外，為裨便於計畫運作而設置「青少年臺灣文庫－歷史組、文學組」編審委員會，委員由學者專家、教育心理學家、青少年文學作家及地方文史工作者等組成，各組委員再組成編輯小組，負責編寫各冊讀本之書稿。目前整個計畫分成三階段，預計在2008年執行完成。

㈢問題評析

事實上，此項計畫在推展過程中仍面臨一些問題，包括有三：其一，本土學術尚未系統化，編纂文庫的過程經常涉及內容選擇的價值性問題；其二，以臺灣文學的文獻考據為例，由於必須追溯至日據時期或更早以前，年代久遠加上著作權難以取得都是問題；其三，目前該文庫在運作上面臨文學讀本選文著作授權的問題，部分選文作家不易聯絡，無法取得著作同意授權；另外一項問題是部分讀本編審進度落後，部分編者因忙碌而無法準時交稿，或因內容架構及撰述方式不符編撰原則而必須不斷修訂等。

貳 大學系所設置與教育施政主軸制訂

一、大學校院設置臺灣研究相關系所

一般而言，大學教育的任務包括教學、研究、服務及推廣等功能。為落實本土教育理念，將本土教育實施的層級提升至大學教育階段已是必然趨勢。教育部本土教育委員會在第2屆第1次會議（2005年4月22日）中建議：「1.教育部應鼓勵各大學校院設置有關臺灣學術教育之學系，研議設置臺灣史或臺灣文學相關之第二專長師資訓練班；2.建請教育部就大學校院系所學生研修臺灣人文學科之未來發展，以及與國中小學課程配合進行

專案研議；3.建請國內各大學校院臺灣人文學門系所，共同規劃臺灣人文學生課程。」細究上述所提各項建議，旨在建構「臺灣學」的研究體系，以期展現臺灣主體的主張。

(一)設置現況

目前國內大學臺灣人文學門共可區分為五大類，分別是：整合類（或稱綜合類）、臺灣文學系所、臺灣語言系所、臺灣歷史系所及臺灣文化系所（姚榮松，2005a）。莊萬壽（2005）指出，從1997-2004年底止，國內大約成立25-26個與臺灣相關的系所，詳細區分可歸納為九個領域（學科），分別是歷史、地理、宗教、藝術、文學、文化、語言、族群及人類學等，形如下圖3「大學臺灣人文學科領域示意圖」：

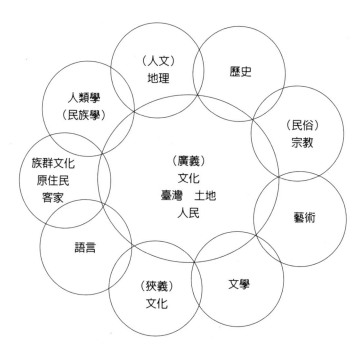

圖3　大學臺灣人文學科領域示意圖

資料來源：出自莊萬壽（2005：8）。

根據教育部（2005）的《國內大學臺灣人文學門現況調查彙編》，1995以後成立的臺灣人文學門共計有25個系所，其中帶有「臺灣」兩字的有18個單位，可再區分為整合類、臺灣文學類、臺灣語言類、臺灣歷史類及臺灣文化類。各類系所成立年度暨相關資料統計如下表2：

表2　國內大學臺灣人文學門各類系所成立年度暨相關資料統計表

	系	所	國立	私立	設博士班數	成立年度						
						1995–1997	2000	2001	2002	2003	2004	2005
整合類	0	1	1	0	0					1		1
歷史類	0	1	2	0	0				3		2	
文學類	3	6(-1)	6	2	1	1	1	1	2	1	3	2
語言類	5	3	6	2	1	1		1		1	3	
文化類	0	6	6	0	1	2	1			3	1	1
合計	8	17(-1)	21	4	3	4	2	2	5	6	9	4

資料來源：出自姚榮松（2005b：17）。

(二)問題評析

姚榮松（2005b）、莊萬壽（2005）指出，上列相關系所尚無法充分代表臺灣人文學研究的全貌，這是因為目前國內仍有許多相關系所，在名稱上並非直接出現「臺灣人文」的字眼，但實質上也具有相同功能，例如政治大學臺灣研究碩士學程、交通大學社會學文化研究所、臺北大學民俗藝術研究所、高雄大學民族藝術學系、化連師院民間文學研究所、東華大學民族藝術研究所及暨南大學人類學研究所等。甚至是1995年成立的東華大學族群關係研究所，及1945年成立的臺灣大學人類學系所皆應納入。

杜正勝曾指出，目前國內大學臺灣人文學門所成立的系所都是新興科系，其具有四項共同特質：資歷短淺、人力薄弱、資源不足及規劃不弘[7]。事實上，2000年以前只有3個系所，大多數系所集中在2003-2004年

---

7 前教育部長杜正勝參加「大學臺灣人文學門系所之現況與展望研討會」致詞稿，2005年1月8-9日。

左右陸續設立。各類新設系所在課程規劃上雖各有不同特色，但彼此間缺乏整合，共同必修課也不一致，百家爭鳴的結果造成資源分散。另外，相關的問題尚有：1.師資員額普遍不足；2.課程設計過於理想化，無法符合學生選課的實際需求；3.教師在校外兼課有法令限制；4.圖書設備與參考文獻十分缺乏；5.課程規劃過於狹隘等。

為解決上述問題，姚榮松（2005b）、徐照華（2005）、莊萬壽（2005）等人建議：首先，未來這些系所必須以臺灣土地與人民生活相關的人文活動做為主軸，並擴大人文學科的領域。故應廣納相關系所，以期發揮更大的整合功效；第二，各校師資應加以整合；第三，相關課程合開或開放系際選課，以減輕開課不足的問題；第四，向教育部請增員額，依實際需要做適當配置；第五，應儘速建立人才檔案庫，提供人才諮詢；第六，課程設計宜掌握規模較大的方向和類型，開授科目不宜太狹隘，並應有課程配套措施；第七，成立社群組織，例如學會及刊物等，使這些系所擁有共同切磋和交流的園地；第八，系所發展方向應具宏觀性，除累積臺灣土地上各種範疇的研究外，也要擴及各相關學門領域，並企圖與國際文化相接軌。

二、教育部施政主軸政策的制訂

㈠政策緣起與目的

杜正勝擔任教育部長後，一來為配合行政院「挑戰2008國家發展重點計畫」中有關「落實臺灣主體性、完備生活安全網、展開策略聯盟布局」之施政重點，二來亦為提升國家競爭力及發展，便進行教育施政主軸的研擬，以資做為規劃教育改革與發展政策的藍圖，期使國人能成為「完成個人」的現代國民，具備紮根本土的意識、迎向全球的才能及關注社會的情懷（教育部，2004 b）。

為求落實本土教育，教育部在2004年公布「2004-2008教育部施政主軸：創意臺灣、全球布局－培育各盡其才新國民」，其中所規劃的四大主軸之一即「臺灣主體」，其目的在於調整課程體系，培養學習者更認識臺

灣、深化認同，並具有主體性。另外，主張課程應強化臺灣主體的內涵，使教育回歸每個人所生活的時空環境，使國民具有臺灣主體意識（教育部，2004 b）。

(二)政策理念與內容

教育部施政主軸乃規劃「培養現代國民」、「建立臺灣主體性」、「拓展全球視野」及「強化社會關懷」做為四大綱領，提出13項策略及33項行動方案。深究其核心理念有三（教育部，2004b）：

1. 適性揚才：配合學習者之能力、性向、興趣及需要，提供各種適性學習機會，以發揮其多元潛能，建立社會多元價值觀，達成國家多元發展的目標。
2. 迎向全球：將當前教育的推動放在全球的架構中思考，以世界先進國家為標竿，不斷要求自我提升。
3. 扶助弱勢：為求維護社會公平正義，將有限的教育資源做合理的分配，使社會經濟劣勢的學生獲得合理公平的機會並得到發展。

臺灣本土教育的重要內涵之一是臺灣主體性，由此足見推動臺灣本土教育已成為教育部未來重要的教育政策之一。那麼，教育施政主軸是否規劃如何落實推動本土教育課程改革的具體措施？本書深入分析「教育施政主軸行動方案」發現，其中密切相關者有：「1-3-5強化公民意識」、「2-1-1深入認識臺灣」、「2-1-2確立海洋臺灣的推動體系」、「2-2-1發揚臺灣各族群文化與特點」及「2-2-2 發展新移民文化」（教育部，2004b）。

(三)問題評析

仔細剖析教育施政主軸，從理念的闡述、綱領的設立、策略的擬訂及行動方案的規劃，均能看出教育部對於推動臺灣本土教育的積極態度與作為，所制訂的政策架構亦頗具宏觀性。然而，若從基礎面來看，教育施政主軸的理念似乎過於理想，部分內容頗似政策文宣，較缺乏相關的理論研究基礎，難以對社會大眾產生說服力。另外，倘從應用面來看，雖擬訂許

多鉅細靡遺的綱領、策略和行動方案，但這樣的教育施政似乎較偏向「由上而下」的模式，是否確實可行？未來究竟能發揮多少實質成效？仍待後續深入觀察、檢討和追蹤。

（參）本土教育課程綱要草案研訂始末

本項計畫主要由教育部國民教育司負責籌劃，並委請國家教育研究院籌備處協助執行，共歷經下列三階段：籌備階段、起草階段及終止階段（吳俊憲，2008）。

一、籌備階段

依據教育部2007年8月10日臺國(二)字第0960124023號函決議事項，由教育部委請中央研究院黃富三教授主持有關研議本土教育議題納入國民中小學九年一貫課程綱要。旋即，9月14日召開國民中小學本土教育議題課程綱要草案籌備會議，會議中討論的重要事項包括：

㈠成立計畫核心小組

教育部以委託專題研究計畫方式，委請國立臺灣大學歷史學系暨中央研究院臺灣史研究所研究員黃富三教授擔任計畫主持人；國立臺北教育大學社會科教育學系曾慧佳教授與靜宜大學教育研究所暨師資培育中心吳俊憲助理教授擔任計畫協同主持人。

㈡確立計畫發展任務

主要有二：1.研訂國民中小學本土教育議題課程綱要草案；2.研訂國民中小學本土教育融入九年一貫課程能力指標之相關建議。

㈢建立計畫內容架構

該計畫名稱訂為「國民中小學本土教育議題課程綱要研究發展計

畫」，會中針對計畫方向進行討論，並達成以下共識：

1. 訂定課程綱要草案架構，並循此賡續研訂各學習階段（含國小低、中、高年級及國中階段）課程目標。
2. 研訂課程目標宜參考學生心理發展或學習理論；目標與方法宜分開處理。
3. 能力指標宜重質不重量，並具有邏輯性，不宜形同拼裝型式。
4. 核心內容宜包括：(1)臺灣在歷史發展上具有獨特性，在國際舞臺上有其重要地位；(2)現今臺灣已走向多元民族、多元文化及多元社會，百花齊放的現象；(3)生活在臺灣的每位公民，其地位一律平等；(4)國家（state）和民族（nation）不一定具有必然存在的關係。
5. 研擬本土教育議題課程綱要研修小組推薦名單。

二、起草階段

　　由於教育部自2006年10月起即開始進行國民中小學九年一貫課程綱要微調計畫，該微調草案預計自2008年1月起提交「國民中小學課程綱要審議委員會」進行審議，並依程序辦理發布。是以，教育部希冀能趕上期程，連同本土教育議題課程綱要草案一併提交審議，只是如此一來，本土教育議題課程綱要草案的發展期程僅三個月（2007年10-12月）。期間共召開5次諮詢會議、1次部長簡報會議及1次「研商本土教育融入九年一貫課程綱要以及教科書等問題」會議，茲將相關內容陳述如下：

(一)第1次諮詢會議

　　2007年9月21日召開本土教育課綱計畫第1次諮詢會議，由當時的國家教育研究院籌備處何福田主任召集，會中針對計畫目的、內容、期程及經費等進行討論，所達成的共識如下：

1. 計畫目的
(1)探討國民所需要的本土教育相關基本知識，以及落實於國民教育的方法，包括課程安排與能力評估。

(2)擬訂國民中小學本土教育議題課程綱要草案。

(3)研訂國民中小學本土教育融入九年一貫課程能力指標之相關建議。

(4)進行國民中小學九年一貫課程綱要微調工作。

2.計畫期程及工作內容

(1)本計畫由教育部委託國家教育研究院籌備處成立「國民中小學本土教育議題課程綱要研修小組」，由教育部聘定11位委員，進行相關工作。

(2)執行期程：自96年10月至97年3月止。

(3)工作內容

①國民中小學本土教育議題課程綱要研修小組，針對探討如何將「本土教育」議題所需之內容融入國民中小學課程中，提升國民之本土相關基本知識，從而瞭解臺灣自然環境與歷史文化的特色，及其在世界舞臺上的角色。

②本土教育議題課程綱要討論及研修內容，包含國民所需要的本土教育相關基本知識為何？本土教育如何落實於國民教育的方法？（包括課程設計、課程內容所占比例、教學方法及教學評量等）？如何擬訂國民中小學「本土教育」議題課程綱要草案？如何研訂國民中小學本土教育融入九年一貫課程能力指標之相關建議草案？等項工作。

③除研修小組定期召開討論會議外，亦邀請學者專家和教育實務人員召開座談諮詢會議，以求徵詢一般性及專業性兩類的建議。

④完成修訂草案，送國民中小學課程綱要研究發展小組討論確定後，陳報教育部提國民中小學課程綱要審議委員會進行審議。

(4)所需行政配合人力由國家教育研究院籌備處統籌，依需要得請工讀生進行協助辦理相關業務。

3.本計畫由教育部委託辦理，執行所需經費，由國家教育研究院籌備處提出，陳報教育部專案核撥。

本次諮詢會議召開後未久，媒體即於10月5日報導「本土教育，將列國中小課綱議題」，其內容摘要如下：

為了讓學生更認識我們生長的這片土地，教育部規劃將「本土教育」納入國中小九年一貫課程綱要的重大議題，在藝術與人文、社會、自然等各科目中，就地取材編寫教材，例如音樂課應有一定比例的閩南語、客家歌謠或本土音樂家作品的學習，自然課應介紹臺灣原生種植物等。教育部預計在明年六月前完成相關規劃，提課綱研發小組、課綱審議委員會審議，經審議通過後，「本土教育」將成為國中小課綱的第八個重大議題（李文儀，2007）。

㈡第2次諮詢會議

2007年11月23日召開第2次諮詢會議，會中重要決議事項有：

1. 邀集九年一貫課程綱要各相關領域召集人參與座談，暫以國語文、自然與生活科技、社會三個領域為主，針對本土教育議題課程綱要提出研修建議；其後再陸續邀請藝術與人文、綜合活動、英語、數學、健康與體育及重大議題等領域召集人。

2. 討論議題包括：國民中小學「本土教育」議題課程綱要之課程目標、分年細目及能力指標、課程設計、課程內容所占比例、教學方法及教學評量等內容。

3. 研訂課程目標時應掌握以下原則：⑴依學生心智年齡，研訂相應之教學方式及教學內容，教材內容由淺入深，符合學生興趣；⑵教學內容之主軸為影響本土社會發展的自然環境、歷史文化與現代社會；⑶編寫教材時應以融合方式呈現。

4. 研訂各年級或學習階段的具體目標時，應有軸線，包括內容軸線和方法軸線等；應告知教師和出版業者在編寫教材時，本土教育主軸是呈現臺灣自然環境、歷史文化及現代社會的特色，以瞭解臺灣的文化面貌與成就。在呈現上，應融合三項主軸，以瞭解其中之互動關係，並納入人的感覺，營造其歷史文化氛圍。其中低年級應著重興趣取向，可納入舞蹈、戲劇、猜燈謎、故事、遊戲及歌謠等。

5. 能力指標的主題軸可暫訂為：本土歷史文化、本土自然環境（含生態）及本土現代社會（含產業）。

6.「本土教育議題課程綱要」修訂為「本土教育課程綱要」，文字力求簡單、清楚及正確。

7.本土教育課程綱要的編排架構大致如下：首先是影響臺灣歷史發展的自然環境；其次是生長在其上的人類所創造出來的文化結晶；最後從歷史中孕育出的現代社會環境，由簡單而趨於複雜、精緻。

8.地理、歷史及社會應以專業知識為基礎，但可依據學齡以融合方式呈現，以提高興趣。

(三)第3次諮詢會議

2008年11月24日召開第3次諮詢會議，會中針對本土教育課程綱要草案進行討論，重要意見摘述及決議事項如下：

1.意見一：(1)建議在課程基本理念裡，除知識外，也要增強國中小學生對本土的情感面，包括如何引發學生對本土的熱愛、對本土的認同，或激發情感；(2)82年版的鄉土教育內容已關注到社區、家庭、縣市到全國的範圍，由學生生活經驗出發並加以擴大。課程比例的問題很難討論，建議不要刻意強調此重點，而應著重於目前在課程中應該要有而缺乏的部分；(3)建議將具體目標修訂為課程目標。

2.意見二：(1)本土教育綱要的意義性與其他領域或議題的重複性問題，值得深思；(2)建議使用鄉土或認識臺灣一詞取代本土，以減少爭議；(3)本土教育議題占課程多少比例雖然重要，但對教師而言，教學時間永遠不足夠，建議本研究焦點應置於培養學生哪些能力指標，課程內容多使用臺灣的例子。同時，在教學方法中多增加校外體驗之教學活動。

3.意見三：(1)目前臺灣文學的教學困境在於創作量較為不足，選取何種適合學生年齡閱讀的文章納入教材，很不容易；(2)以任職之學校為例，當初在實施鄉土語言時即遇到師資不足的問題。後來雖然有補助鐘點費代課以解決一部分的問題，但一些現實的問題仍無法徹底解決，例如客家語和閩南語如何分班教學或分組教學？(3)課程目標在敘及運輸與通訊等產業方面，似遺漏了農、林、漁、牧、礦

等。

4.決議事項

⑴本研究希望未來在課程裡，能讓學生多瞭解自己的生活環境，教師
能多介紹本土的自然環境、歷史傳承和現代社會，因此研究焦點置
於：本土教材的內容在課程中要占多少比例；其次要納入哪些課程
內容，包括不同年級的內容為何，不同年級的教學方法為何；最
後，本土教育不是要一直增加學習份量，而是希望教師能加以整
合，先用臺灣本土的教材出發，未來再去接軌中國和全球。

⑵教育內涵以本土教育的人與自然環境、歷史文化及現代社會之關係
做為主軸。

⑶各階段課程目標調整為三部分加以歸類：自然環境、歷史文化及現
代社會。

⑷實施要點的文字內容宜先列有小標題，再簡要而精確地敘寫內容。

㈣部長簡報會議

國民教育司安排本土教育課綱計畫研究小組於11月30日向部長（杜正
勝）簡報進度及初步成果。當天部長在聆聽簡報後，僅提出一點修訂意
見，即：「陸、本土教育課程綱要草案—規劃之基本原則中的『傳承漢文
化』」，認為需要修改為「傳承原漢文化」。另外，指示國民教育司邀集
各相關領域課綱研修小組召集人及國立編譯館共同參與，並於本次課程綱
要微調時同步進行課綱之檢視及修訂，將來並希望於教科書審查時加以落
實。

㈤研商本土教育融入九年一貫課程綱要以及教科書等問題會議

國民教育司於12月5日召開「研商本土教育融入九年一貫課程綱要以
及教科書等問題」會議，由杜正勝部長擔任主席。會中重申落實國民中小
學九年一貫課程綱要中培養具「鄉土及國際意識」國民之基本理念，並達
到「文化學習與國際瞭解」之課程目標以及基本能力；另外，針對本土教
育融入九年一貫課程綱要之問題，經意見討論後決議如下：

1.由各學習領域研修小組依據國民中小學九年一貫課程綱要之基本理念以及課程目標，並參酌本土教育研究案專案小組草擬之課程綱要，再就現階段已完成之課程綱要微調草案進行檢視。

2.前揭檢視重點包括：分段能力指標是否緊扣十大基本能力，以及實施要點中之教材編選、補充說明等是否足夠，並進行適當之增修事宜，依程序送課綱審議小組、審議委員會進行審議。

3.各學習領域研修小組之後續運作，請國教司協調國家教育研究院籌備處給予充足之人力與經費支援。

4.請各學習領域研修小組推派熟悉各該學習領域課綱內容成員1名，參與本土教育研究案專案小組之後續運作，提供諮詢意見，並給予必要之協助，使專案研究能與各學習領域研修小組緊密結合。

(六)第4次諮詢會議

12月14日召開第4次諮詢會議，主要討論重點在於：語文學習領域所需之本土教育教材編輯原則與方向，不同學習階段之教材需求、教學方式、課程內容所占比例及能力指標等。會中意見討論暨重要決議如下：

1.建議教育部建立本土名家名作相關教材內容的資料庫。

2.現場教師大部分對於本土教育沒有概念，建議教育部辦理現場教師關於本土語文或本土教材教學方法的研習活動。

3.高中課綱有一門「區域文學選讀」與本土教育有關，由各學校教師選讀所在區域文學作家的作品，利用在地的題材，引導學生去認識景點、拜訪作家等。但願意開設這種課程的學校很少，應加鼓勵。

4.建議教育部在適當的地點建立社區圖書館（community library），充實圖書教材，包含本土優良作品，以發揮資源集聚使用之效，提供學生一個優質的閱讀環境。

5.建議教育部結合媒體的傳播力量，推廣閱讀優良書籍的風氣。

6.本土教育研究計畫預計寫出三頁篇幅的大原則，說明本土教育融入各領域之教材編輯方向，放入總綱內，提供教材編輯者及國立編輯館參照辦理。其架構如下圖4：

```
┌─────────────┐
│  本土教育   │
└─────────────┘
       │
┌─────────────┐
│  重大議題   │
└─────────────┘
       │
┌─────────────┐
│ 七大學習領域 │
└─────────────┘
```

圖4　本土教育融入各領域教材編輯架構圖

7.避免約束教科書的編輯，不能明訂本土教材所占課程內容之比例。

8.語文的學習重點不在題材，而是從語文層次（包含語言表達、理解等）去思考，故不能限定學習的題材與內容。但儘量以臺灣作家與作品為主，以瞭解其歷史傳承。

9.語文的教學中，從未規範課文的內容或題材，建議本土教育只須訂出原則，由各學習領域據以編選教材，儘量往本土教育方向發展。

10.九年一貫國語文學習領域有強調本國文學、本國文化及本國語言即為本土，但不能只有本土而沒有外國，所以國語文課程綱要裡也要納入外國。

11.本土教育並不是要否定外國，而是本土教材的比例太少，所以要加以提高。

12.課程設計的理想是把議題涵化到各學習領域，但各地方的教育單位推動這些議題時，要的是單元性的成果，易造成學校及教師的抗拒心理；若目標是要將本土教育涵化在課程中，希望各教育單位不要跟學校或教師要求實質的書面成果。

13.如果不管學科性質，任何被提出的議題都去做回應，這是本末倒置的。學科有其循序漸進的本質，其教學指標是清楚的，當代議題要放入能力指標中很困難。

14.建立一個原則性的內容，提供國立編譯館的審查委員審查教科書時把關的依據。

15.可以增加說明，為何在這個階段需要強調本土教育，以及各學習領域做教材編寫時為何需要有這樣的思維。

㈦第5次諮詢會議

12月15日召開第5次諮詢會議，主要討論重點在於：社會及綜合活動學習領域所需之本土教育教材編輯之原則與方向，以及不同學習階段之教材需求、教學方式、課程內容所占比例、能力指標等。會中意見討論暨重要決議如下：

1. 意見一：⑴各領域的研修小組已經解散，任期在法律上也屆滿，若需回過頭來修改課程綱要，在程序上是有問題的，除非要到審議委員會修改；⑵建議邀請生活領域的召集人討論，因其為社會、自然與生活科技及藝術與人文三科中的一、二年級之綜合課程；⑶社會領域中的地理部分，也是從臺灣開始，且有一些例子強調要從自己的社區開始認識臺灣，不像歷史切割為臺灣、中國和世界，而地理至國中階段才有所區隔，國小基本上還是以臺灣為主；⑷歷史的部分在國小階段基本上是以臺灣為主體，社會科學方面像政治、法律，基本上是能力指標為導向的，素材由教科書編輯者來決定；⑸若要落實本土教育，可仿照海洋教育，不一定要編能力指標，直接把相關領域的編輯方向和素材，提供給書商，並要求國立編譯館審議時，要注意本土教育的議題要有適當的呈現。例如教科書中要多用臺灣本土的例子；⑹教師是可以自編教科書的，只要能提供本土教育的資料庫，即可以自編教材，進行教學，並落實本土教育；⑺社會領域和綜合領域的課程綱要修訂時，事實上已將培養學生相關的本土意識，放入能力指標中。

2. 意見二：⑴海洋教育能力指標定出來後，即與各組協商，接著發展教材，供出版社老師參考；⑵社會和綜合領域已包括很多本土教育的能力指標，因而教材才是最重要的。建議從法令的層面修改教科書審查辦法，把臺灣主體意涵的內容放入教科書審查辦法中；另外，建立本土教育資料庫，提供給教材編輯者和老師；⑶教育部已有相關的本土教育資料庫，且內容豐富，例如臺灣文學庫。因此，如何將它整合、剪輯和推廣才是重點；⑷若一、二年級以本土教育為焦點，則生活課程非常重要，可以在一、二年級為目標扎根；⑸

教材的整合可分為資源和人力兩部分。教育部現有的資源已很多，可加以整合一個本土教育資料庫，並以整合、修飾為主，研發為輔。人力的部分，可推薦各領域中的一人，進入本土教育團隊之中，對現有的資源做整理。

3.意見三：(1)教材的部分是重要的，而教育部雖整理了許多資料放在網站上，但會蒐集網站上的資料做為教學上的素材之老師，其比例是有限的；(2)目前教學實務上的老師，其對臺灣的思維還停留在以往受教育的大中國思想，是否能透過研習去做改變，是未知之數；(3)教材編輯的部分是重要的，應多將與臺灣相關的內容放進教材中，補足不足部分。

4.意見四：(1)教育部花了許多經費完成學習加油站和六大學習網，但並沒有把老師需要的東西整合出來，因而建立一個資料豐富且完整的資料庫是必需的；(2)目前的研習班講授者多只是講解理論，不符現場教學者需求，且無能力將理論轉化。一般來說，第一線的教師需要的是能現學現用的東西。

5.決議事項

(1)短期間經費和人力有限，較有效的方法是由各個領域去做資料庫，以幫助老師做教材資料的蒐集和整理；其次是大家協調出一個通盤性的原則，提供給各領域和教育部參考，例如請國立編譯館修改教科書審查辦法，出版商依據此原則編輯教材。

(2)本土教育的目的是傳布新時代國民基本教育所應具備的本土知識，其重點工作應是呈現臺灣的特色及其價值。

(3)海洋教育和本土教育並不是加重負擔，而是把兩者結合，即環繞在四周的海洋對臺灣的影響為何、特色為何。

(4)建議教育部可編列經費給各領域，進行現有資料庫的整理，並提供給教師參考，以補人力的不足。

(5)現有資料和網站已很多，但團隊中並無資訊背景專長的老師，建議教育部可找一群具資訊背景和本土教育概念的團隊，進行相關的工作。

(6)課程綱要基本上只有師資培訓單位和編寫教科書的人會詳細閱讀，因而建議本土教育可採編寫大原則的方式，強調本土是一切的依歸，再談到議題，接著是領域。另一方式是在各個領域綱要後面，皆放入本土教育精神的補充說明或附件方式。

三、終止階段

國民教育司於2007年12月18日召開國民中小學課程綱要本土教育議題研究發展計畫溝通討論會議。鑑於目前課程綱要列有六項重大教育議題，2007年教育部公布新增第七項「海洋教育」議題，倘再增加新議題恐造成學校課程擁擠及教學困擾；且衡酌國民中小學九年一貫課程綱要各領域研修小組在進行課程綱要微調修訂時，大多已將培養學生相關的本土意識放入能力指標。最後，教育部決定暫緩繼續發展本土教育議題課程綱要，僅針對課程總綱實施要點之「教材編輯、審查及選用」撰寫有關本土教育的修訂意見，以符應有關本土教育的基本理念與課程目標。茲將重要決議事項陳述如下：

㈠研究團隊原採重大議題課綱型態，已規劃完成之課程基本理念、基本目標、實施要點等草案，建議予以保留，暫緩繼續發展。

㈡建議研究團隊針對跨領域的部分，於總綱實施要點之教材編輯、審查及選用中，撰寫有關本土教育之相關內容。

㈢由教育部請各研修小組自行檢視或調整現階段已完成之課程綱要微調草案，以符應國民中小學九年一貫課程綱要總綱中有關本土教育之基本理念與課程目標。

㈣請國家教育研究院籌備處提供總綱及各研修小組課程綱要微調草案資料，供研究團隊參酌。

最後，依據上述決議，本土教育課綱計畫小組於2008年1月完成修訂總綱實施要點如下：

四、教材編輯、審查及選用

㈠編輯

國民中小學教科用書應依據課程綱要編輯，其內容應符合下列原則：

1. 依本土化與國際化原則，各科教科書應考量其性質之所需，將本土重要人物、事蹟納入教材中，並置於世界文明史上做比較，以顯示其國際性的意義或特色。

2. 依現代公民之需要，人文學科須將人權、海洋、性別、環境、生涯發展等重要議題融入教材中。

3. 依互補相成原則，生物與自然科學課程須儘量納入本土案例，並與世界文明比較或接軌。

4. 依學童心智年齡，教材內容應儘量納入本土文化材料，由簡而繁，由趣味性而深度性、多元性；教學方式則應多元化、創意化。

㈡審查、選用

教科用書須由審查機關（單位）審定通過，再由學校選用。其作業程序如下：

1. 為增進審查效率，審查機關應事先召開出版商聯席會議，就上述編輯原則做充分溝通。

2. 出版商應將溝通結果完整傳達予各科教科書撰稿人，以為撰稿之依據。

3. 完稿之教科書須送審查機關，依據上述原則審定通過後，再由學校選用。

㈢除上述審定之教科圖書外，學校得因應地區特性、學生特質與需求，選擇或自行編輯合適之教材。但全年級或全校且全學期使用之自編自選教材應送「課程發展委員會」審查。

第七章

本土教育課程改革的重要議題

壹 課程綱要的修訂

　　茲分成二部分進行討論：一是高中歷史課程綱要修訂，一是國民中小學社會學習領域課程綱要修訂；最後進行綜合評議。

一、高中歷史課程綱要修訂

　　現行的高級中學課程標準是在1990年修訂，1995年公布，自88學年度開始逐年實施。然而，為因應國內外教育環境急遽變遷，九年一貫課程實施後造成國中及高中的課程銜接問題，以及來自民間及教學現場反應高中課程科目和時數過多、教材內容過於龐雜、課程設計未能符合學生個別需求、未能提供充分選修課程等問題，於是教育部於2001年4月組成「高級中學課程發展委員會」，同年8月成立「課程總綱修訂小組」，開始著手修訂高級中學課程綱要。2002年10月起正式遴聘國文等17科必修課程綱要專案小組召集人並召開討論會議[8]。但其中爭議性最大的，就是高中歷史課程綱要的修訂。

　　事實上，在高中歷史課程綱要修訂前就有民間團體向教育部提出建議，必須改革現行高中歷史及中小學社會科教科書。其認為現今教科書

8　高中歷史課程綱要草案專案報告，2003年10月15日，立法院公報，92卷45期，頁10-49。

中提及有關「開羅宣言」的部分史實是錯誤的，那是當時為了在第二次世界大戰後促使中華民國取得合法的國際地位而設置的，故建議必須將「舊金山和約」、「中日和約」也一併納入教科書，重新導正臺灣主權取得合法化的真正依據，也藉以打破黨化教育時代的錯誤認知。例如「臺灣南星會」就曾針對各級學校教科書關於中華民國依據「開羅宣言」統治臺灣，連同以中國為中心的教材內容，發函至教育部建議儘速刪除，以還原史實真相[9]。其後，教育部在2000年成立本土教育委員會後，更多次將此一議題列為正式提案並邀請學者專家進行討論，例如在2003年8月11日召開第四次會議中即討論並決議：「開羅宣言是歷史文件，也是法律文件，殆無疑義；至於開羅宣言在教科書中之定位，屬歷史、政治、外交及學術領域之議題，應俟充分討論後再議。」

根據教育部在2004年公布的「高中歷史暫行綱要草案」，高一上學期以「臺灣史」為主，一度被劃歸世界史的「中華民國創建歷程」，確定納入高一下學期的「中國史」，其中引人注意的是，以往被視為禁忌話題的「臺灣地位未定論」，將首次納入高中歷史課程，讓學生瞭解舊金山和約與開羅宣言等史料，藉由史料釐析臺灣的主體性和定位；高二以「世界史」為主，高三則為「選修歷史」（中央社，2004）。

此草案公布前後，引發社會各界議論，有人認為臺灣地位的爭議即使在學界仍是相當紛歧，其內容和關係過於複雜難解，不宜納入高中課程；有人則痛批「這不只是教材的改變，更是思想的改造」，是有意圖地導入「臺灣地位未定論」，恐造成高中生的認知錯亂；但也有人認為，教導學生認識生活周遭環境與歷史事實才是歷史教育的目的，舊金山和約既是史實，就不應該排除於教材之外（中央社，2004；蘋果日報，2004）。甚至也有立法委員對此議題提出質詢，例如：李慶華委員曾指出三項問題：其一，把中國史放入世界是腰斬國史的作為；其二，質疑課程綱要專案小組成員名單沒有公正立場；其三，綱要中缺乏「中國民國的建立」，是搞臺灣國史而企圖消滅中華民國史的行為[10]；羅志明委員指出，高中教科書中

9　臺灣南星會函，2003年6月12日，南星03字0601號。

有關「開羅宣言」的問題必須重新檢討[11]。

　　綜言之，多數人認為此課程綱要草案最受爭議處有二：其一，新修訂高中歷史課程綱要具有「一邊一國」或「兩國論」的史觀，且有消滅「中華民國」之虞；其二，臺灣史與中國史、世界史分占三分之一，由於擴大了臺灣史所占比例，亦即表示對中國史的課程內容產生相對的排擠。

　　為消除社會大眾的疑慮，教育部曾於2003年9月23日提出回應，並於同年10月15日由當時的教育部長黃榮村及擔任社會領域審查小組召集人杜正勝同赴立法院進行專案報告，澄清下列問題：第一，高中歷史課程修訂沒有意識型態考量，且專案小組在課程實施方法中強調教材應能反映當今歷史學界的研究成果，帶有濃厚黨派色彩的歷史解釋自應避免；第二，高中歷史課程沒有「一邊一國」的考量，將臺灣史單獨成冊的理由在於，相關的教學資源比較豐富，方便導引學習核心能力，進而利用臺灣史的多重文化性格及本土歷史之親切性，引導學生對中國文化、世界文化之興趣。另外，由於課程修訂的總時數縮減，且衡及學生應對同一時期的其他地區的重要發展應有橫向聯繫與瞭解，故將西元1500年以後的中國史放到高二世界史的部分；第三，高中歷史課程仍有介紹中華民國歷史，中華民國相關部分散布在四冊各章節中，故沒有意圖要將中華民國從中國史消失的思考[12]。

　　後來，經高中歷史課程綱要修訂小組研商結果，為避免捲入政治爭議，也讓中學教師能安心教學，決定刪除舊金山和約、中日和約相關用字，甚至開羅宣言也一併刪除，改以「簡要說明中華民國接收臺灣的經過情況」的文字替代。至於孫中山創建中華民國列在中國史則不改變，避免造成外界誤會是切割中華民國和臺灣，或不承認中華民國的正統性。另外，也決定在臺灣史中增加中華民國革命建國的內容，以及有關清領時期的臺灣歷史（自由新聞網，2004）。

10　李慶華委員質詢，2003年10月15日，立法院公報，92卷45期，頁50-52。

11　羅志明委員質詢，2003年10月15日，立法院公報，92卷45期，頁55-56。

12　同註8。

二、國民中小學社會領域課程綱要修訂

教育部本土教育委員會對於社會領域課程綱要的若干內容曾提出修正建議（陳麗華，2003），主要有二：其一，課程目標有關「培養對本土與國家的認同」應修改為「培養對臺、澎、金、馬的土地與國家認同。」其二，社會學習領域「基本架構」的表格在臺灣部分各階段之重點改為CBAA，第四階段臺灣部分仍應提升為A級，亦即在第四學習階段應增加「臺灣」的內容[13]。此一建議提出後，未久旋即成為啟動社會領域課程綱要修訂的重要來源依據。

至於國民中小學社會領域課程綱要修訂，過程中主要爭議有三：首先，「人與時間」主題軸遭提出質疑，例如「人與時間主題軸究竟是學習區域或學習能力指標？」

茲將原「人與時間」主題軸的13項能力指標列出，裨便討論：

2-1-1　瞭解住家及學校附近環境的變遷。

2-1-2　描述家庭定居與遷徙的經過。

2-2-1　瞭解居住城鎮（縣市鄉鎮）的人文環境與經濟活動的歷史變遷。

2-2-2　認識居住城鎮（縣市鄉鎮）的古蹟或考古發掘，並欣賞地方民俗之美。

2-3-1　探索臺灣社會制度與經濟活動的歷史變遷，並瞭解其價值觀念的形成。

2-3-2　探討臺灣文化的淵源，並欣賞其內涵。

2-3-3　瞭解今昔臺灣與亞洲和世界的互動關係。

2-4-1　認識中國歷史（如思想、文化、社會制度、經濟活動與政治興革等）的發展過程。

---

13 教育部本土教育委員會第一屆第二次會議記錄，2003年1月10日，臺研字第0910198915號。

2-4-2	瞭解今昔中國與亞洲和世界的互動關係。
2-4-3	認識世界歷史（如思想、文化、社會制度、經濟活動與政治興革等）的發展過程。
2-4-4	比較人們對歷史的不同說法。
2-4-5	從演變與革命的觀點，分析歷史的變遷。
2-4-6	從直線前進與循環的觀點，分析歷史的變遷。

　　誠如林慈淑（2001）指出，前10項能力指標其實是學生各階段必須學習的地區範圍，依序從住家附近、鄉鎮城市、臺灣、中國到世界，因此所訂內容只能算是學習區域，何以是能力指標？第12項能力指標的「演變」與「革命」為何並列？從時序觀來看，「延續」與「變遷」較具代表意義，「革命」一詞易生混淆；另外，第13項能力指標的「循環與前進」，大多用來做為歷史分析的案例和對象，如何做為學習的原則或方法？

　　第二項爭議在於，「國中要不要教臺灣、學力測驗要不要考臺灣？」因為原「人與時間」軸能力指標明確規範臺灣史教材在第三階段（國小五、六年級）學習，第四階段（國中一至三年級）則學習中國和世界史；附錄中的基本課程架構亦明示第四階段主要重點是中國和世界，次要重點是臺灣和家鄉。那麼，國中階段在編寫教科書時究竟是否納入臺灣的相關內容，尤其家長和學生擔心的是學力測驗是否會納入？

　　第三項爭議在於，陳麗華等（2003a）曾針對九年一貫社會學習領域課程本土化進行研究，研究結果指出我國社會領域課程本土化程度遠落後於各國（美國、中國、日本及新加坡等），且本土教育內容占教科書比例明顯偏低。尤其是國中階段，過去在85學年度時至少還設置「認識臺灣」科，到了實施九年一貫課程時採融入方式，反而使臺灣相關內容在教材中所占比例嚴重不足。深究原因，在於課程綱要的結構出現問題，一開始便將有關臺灣的教材儘量規劃在小學階段，認為到了國中應以教導認識中國和世界為主，認識臺灣為次。

　　基於此，社會領域課程綱要修訂小組於2002年12月20日及27日召開兩次的研商修訂會議，並於同年12月24日召開國民中小學課程修訂審議委員

會第13次會議。最後決定修訂課程內容有：國中教育階段增加一項能力指標「2-4-1認識臺灣歷史（如思想、文化、社會制度、經濟活動及政治興革等）的發展過程」，意即在國中階段增加有關臺灣的學習內容。其後，教育部為研擬國民中小學九年一貫課程綱要微調原則，於95年10月成立「國民中小學九年一貫課程綱要研究發展小組」，經社會學習領域研修小組討論結果，新修訂「人與時間」主題軸能力指標[14]如下：

2-1-1　瞭解住家及學校附近環境的變遷。

2-1-2　描述家庭定居與遷徙的經過。

2-2-1　瞭解居住地方的人文環境與經濟活動的歷史變遷。

2-2-2　認識居住地方的古蹟或考古發掘，並欣賞地方民俗之美。

2-3-1　認識今昔臺灣的重要人物與事件。

2-3-2　探討臺灣文化的淵源，並欣賞其內涵。

2-3-3　瞭解今昔中國、亞洲和世界的主要文化特色。

2-4-1　認識臺灣歷史（如政治、經濟、社會、文化等層面）的發展過程。

2-4-2　認識中國歷史（如政治、經濟、社會、文化等層面）的發展過程，及其與臺灣關係的流變。

2-4-3　認識世界歷史（如政治、經濟、社會、文化等層面）的發展過程。

2-4-4　瞭解今昔臺灣、中國、亞洲、世界的互動關係。

2-4-5　比較人們因時代、處境與角色的不同，所做的歷史解釋的多元性。

2-4-6　瞭解並描述歷史演變的多重因果關係。

另外，鑑於家長和學生擔心在「一綱多本」的教科書多元化政策下，如何增進各版本內容交集，以利教科書編輯、師生教學及基測命題之參酌，故決定研訂「七至九年級社會學習領域基本內容」。其基本理念在於

14　國民中小學九年一貫課程綱要社會學習領域修訂草案，2007年10月29日，教育部國民教育司。

啟發學生具有「全球化思維、在地化實踐」的行動力，兼顧「臺灣—中國—亞洲—世界」各生活範疇的素材具有平衡的比例分配，讓學生能認同自己的文化，進而勝任世界公民的角色[15]。

三、綜合評議

平心而論，從高中歷史課程綱要修訂歷程的諸多疑慮和興論來看，「去中國化」的爭議似乎遠大於教育本質與意義的討論。因為多數人爭議的焦點始終在新課程綱要是否有特定意識型態介入，是否企圖達到「去中國化」之目的。雖然有人表示贊同，有人表示反對，在爭論的過程中似乎遺忘了更重要的事：我們是否省思什麼樣的歷史課程內容才是學生真正需要學習的？是否能從實質的教育意義進行論辯，而不至淪為像是政治口水戰？事實上，許多爭議的原因乃是缺乏共識所致，高中歷史課程綱要修訂如此，中小學社會領域課程綱要修訂又何嘗不也是如此。

面對上述爭議，本書強調應致力於尋求不同立場者的相互理解與共識。本書相信，多數人是相當贊成增加課程本土化的內容和比例，畢竟在教科書裡增加一些有關臺灣內容和家鄉的故事，原是順乎自然的；另外，也能肯定教導學生瞭解臺灣認同與臺灣優先的重要性。但實不宜介入「去中國化」的統獨意識或歷史觀，彼此應針對課程綱要中的各項缺失或遺漏處進行檢討、相互激盪，如此方能尋繹出對學生最適切、有效的學習內容和途徑。

貳 教科書的爭議

茲分成二部分進行討論：一是《認識臺灣》教科書爭議，一是九年一貫社會學習領域教科書問題；最後進行綜合評議。

---

15 同註14。

一、《認識臺灣》教科書

　　《認識臺灣》這部教科書的編輯，可算是國內近十餘年來推動臺灣本土教育課程改革的重要指標之一。隨著1980年代政治和社會情勢的急遽轉變，促使臺灣本土意識漸受重視。1993年6月28日教育部召開國民中學課程標準修訂會議，當時教育部長郭為藩會中決議，基於「立足臺灣、胸懷大陸、放眼世界」的原則，於國中一年級起開設「認識臺灣」科，分歷史、地理及社會三篇，每週授課三節，以取代原來開設的一年級歷史、地理及公民與道德科，希冀幫助學生更瞭解生活周遭環境，進而培養愛鄉、愛國情懷（黃秀政，1996）。

　　之後，1994年教育部修正公布《國民中學課程標準》，在國中增設「鄉土藝術活動」，並在一年級增設「認識臺灣」科。於是國立編譯館隨即在1995年6月成立「認識臺灣」教科用書編審委員會，展開教材研發工作，預計於85學年度起正式實施，結果未料竟掀起一場輿論風波。據杜正勝（1998：158）指出，當時許多在政治立場上支持統派的學者和政客召開公聽會，批評「認識臺灣」課文內容有反對中國、美化日本及宣揚臺獨之虞，初估這項議題在當時的新聞報導有超過250則、社論18篇及專欄100篇以上。

　　茲整理各項爭議主要有五：

　　第一，對「同心圓理論」的質疑。杜正勝（1998：141-160）解釋「同心圓理論」有二項特色：其一，奠基於「由近及遠」的教學理論，可針砭過去的歷史教育不重視臺灣的弊病；其二，植基於文化多元的角度，檢討過去「只知有中國，不知有臺灣」的迷思。因此，其主張歷史教科書的課程設計應依循「由近及遠、從今溯古」原則，從學習者所處的時空環境出發，然後一圈圈地向外推移，由詳內而後詳外，導出課程架構為：第一圈「鄉土史」，第二圈「臺灣史」，第三圈「中國史」，第四圈「亞洲史」，第五圈「世界史」。搭配實施年級階段分別是：國小一至四年級為第一圈，國小五、六年級為第一、二圈，國中為第二、三圈，高中為第

二、三、四圈，大學則為第三、四、五圈。國內批評同心圓理論的論述相當多，例如吳密察（1997）指出，此理論符合一般教育理論，但在歷史教育有其困難，因為具有時序性（由古至今），與「由近而遠」的理念相互矛盾。也有人認為同心圓史觀是地理學的認知，與歷史學的特性大不相同，認識臺灣須先透過認識中國及亞洲周圍環境的關係（鵝湖月刊社，1998a）。

第二，涉及意識型態與政黨立場之虞。譚光鼎（2000）曾分析「認識臺灣」課程，發現該課程雖反映多元社會價值觀，但也成為國家政府用來做為政治社會化的工具，是一種霸權意識下的產物，意在顛覆大中國意識，而企圖建構出另一種新的霸權。有些人也持相同看法，認為該教科書是為狹隘的政治意識而產出的，是為迎合「臺灣本土化」或「臺灣獨立化」的，而且該教科書歷史篇編輯委員中，傾向臺獨立場者占5人，已明顯超過二分之一。另外，書中以「中華民國在臺灣」取代「光復」一詞，似遷就當權者的意識型態，且為何未提及儒家文化的影響，令人質疑（鵝湖月刊社，1998a）。

第三，似有「去中國化」的意圖。有些人指出，該教科書的編輯精神是「有臺無中」。有人認為該教科書是在「去中國化」的意識主導下完成的。也有人批評，書中將鄭成功來臺前劃歸「國際競爭時期」，意在突顯「臺灣本為無主之島」的企圖；另外，採用「鄭氏」而非「明鄭」，避免使用「光復」一詞，採用「清領時期」而非「清治（朝）時期」，意在淡化臺灣與中國的關係（鵝湖月刊社，1998b）。

第四，似過度美化日本殖民。有人批評，該教科書提及日本殖民是「日治」而非「日據」，且描述日語普及運動、放足斷髮的普遍、守時觀念的養成、守法觀念的建立及現代衛生習慣的建立等，皆因受到日治的良好影響，此有過度美化日本殖民之虞（鵝湖月刊社，1998a）。但也有人贊同，認為過去的歷史對於日本殖民臺灣的經驗多採迴避或扭曲方式，對史實有欠客觀（當代雜誌社，1997）。吳文星（2000）曾撰文辯駁，認為教科書編纂過程沒有特定史觀，只是儘量尊重史實，以實證、理性態度去敘述日治時期臺灣人民的特殊歷史經驗，矯正向來國民對該時期認識不足

和偏頗；即使敘述臺灣人民透過日語吸收現代知識、接受現代制度、產生現代化觀念，亦在呈現臺灣人民具有良好的調適力，而非「媚日」或「美化日本統治」。

第五，其他。有些人指出該教科書謬誤處太多，例如提及長濱文化有五萬年是沒有根據的；由於教科書編印進度不及，致許多教師無法在開學前取得課本，足見規劃欠周詳（鵝湖月刊社，1998a）。甚至有人提出質疑，教導學生認識自己國家的歷史、地理和社會，為何還要單獨設科？這在世界上是十分罕有的。

二、九年一貫社會學習領域教科書

自實施九年一貫課程以來，「認識臺灣」科雖已消失，但有關本土教育內容實則併入社會學習領域，例如多個版本的教科書課文均納入「二二八事件」。然而引發的爭議在於：受到「去中國化」的影響，課程內容重複且比例不盡合理，及教科書審查的意識介入。

首先，有人質疑社會領域教科書受到「去中國化」的影響似乎日益嚴重，例如從目前國小高年級社會課程的選材內容來看，許多與中國相關的內容消失殆盡，甚至連與日本交流的內容也不見了。令人擔憂的是，一來從文化面來看，臺灣與中國確實具有密切的關聯，一旦課本裡沒了這些內容，學生們自然就不會主動去關心，也就自然與中國文化行同陌路；二來從全球關聯來看，本土化必須接連到全球化和國際化，以擴展學生的視野。從前在國小社會科尚有安排中華民族的融合、中國人的成就及中西文化交流等單元，但現在全部刪除而只談臺灣的話，只怕未來沒有學生會認識誰是秦始皇、漢武帝、張騫、唐太宗、鄭和，連馬可波羅是誰也不知道。於是使得教師一旦提及「臺灣的族群」或「臺灣的文化」等主題時，因為無法銜接原有的歷史文化脈絡，反而必須花費許多時間講授補充內容，不但造成教師教學負擔，也導致學生學習概念不夠清楚。

再以國小社會教師教導「臺灣傳統建築」或「臺灣宗教信仰」等單元主題為例，恐無法不提及中國文化，因為許多臺灣的傳統建築都是來自中

國，在提及聖母媽祖的故事與民間信仰時，自然就與中國文化難以切割。

第二，有人擔憂課程內容重複、所占比例不盡合理。依據目前社會領域課程綱要的規劃，能力指標「2-3-1認識今昔臺灣的重要人物與事件」、「2-3-2探討臺灣文化的淵源，並欣賞其內涵」，表示在國小五、六年級必須教導認識臺灣相關內容。另外，能力指標「2-4-1認識臺灣歷史的發展過程」，代表在國中一年級要教導認識臺灣的歷史發展。只是如此一來，課程內容是否有重複之虞？尤其規範臺灣、中國、世界各占三分之一的比例規劃是否合理？是否會產生課程內容的排擠效應？

第三，有人疑慮教科書審查者的意識型態或政治立場會介入影響。由於審查委員間原本就有不同立場或價值觀，審查教科書時難免發生意見相左，因此很多討論結果都是妥協下的產物，但也藉此降低爭議。即便審查者握有控制權，可以影響教科書編輯的內容或方向，但是否表示只要與審查者意見不同，編輯者就必須直接放棄自己在理念上的堅持而轉向妥協（吳俊憲、宋明娟、吳錦惠，2007）？

三、綜合評議

《認識臺灣》教科書引發各種不同立場與意識之爭，批評聲浪亦不絕於耳。但平心而論，值得我們進一步深思的問題有：當時的時代背景為何？其主要目的為何？其具有的時代意義性為何？帶來的啟示與重要性為何？雖自實施九年一貫課程後，該教科書已成為圖書館架上的參考圖書，但它帶來的影響絕非只是「船過水無痕」。值得省思的有四：

首先，杜正勝主張以同心圓理論做為歷史教科書編纂原則，因其政治立場的關係，彷彿只要發表任何論述或主張，都會被直接與意識型態連結在一起，因此他曾對同心圓理論提出辯駁：「它不是獨立宣言的基礎，也不以國家認同為主要的考量。」（杜正勝，1998）本書認為，當前為實施本土教育課程，只要是以自然的方式，先從臺灣出發，教導學生認識臺灣的特色，然後擴及周邊國家或區域的歷史、地理和社會文化並尋求關聯性，以此做為教科書編輯的原則，是否非得運用同心圓理論或其他理論並

非如此重要。

其次，歷史教育不應為政治服務，且應著重啟迪學生的歷史思惟而非知識。余墨荔（1997）曾以加拿大為例，指出其境內民族的歧異性很大，但目前大多能彼此協調、合作來支持自己的國家。這與其歷史教育有密切關聯，因為著重學生瞭解在地的歷史演變，學習如何處理和分析事情的能力，且堅持歷史教育的立場中立。吳密察（1997）指出，歷史教育不只是教授學生學習歷史知識，還包括幫助學生瞭解何謂歷史？歷史知識如何產生？藉以培養學生「做中學」的能力與思惟。譚光鼎（2000）也建議跳脫意識型態之爭，從宏觀立場和前瞻觀點來檢視臺灣的主體意識問題，培養學生批判思考、問題解決及公民參與的能力。或許我們真正需要的不是一本編輯理想的教科書，畢竟它只是學習的參考資料，更重要的在於，如何在教學中鼓勵學生透過多元方式，去分析、理解和體察歷史知識如何形成才是重點。

第三，課程比例問題不應成為利益之爭，且應關注課程統整或架構的問題。當前教科書強調臺灣主體、增加臺灣相關內容的比例有其必要性，然而課程內容比例如何拿捏和規劃，絕非訴諸少數人的決定，必須關切教科書使用者（教師和學生）的實際需求，故不應成為各界人士的利益之爭，而應訴諸專業本位的討論。另外，目前許多教科書爭議乃繫於意識型態或取材是否合理，卻忽略了課程統整或架構的相關問題。

仔細審視目前國中小社會領域教科書不難發現，過去太輕視、忽略本土教育課程，但現在的教科書卻因為強調本土教育課程，而刪除許多有關中國的重要內容，似乎「過猶不及」。長期以來，我們所認同的中國非關臺灣主體，但並非因此就必須全部加以否定或排擠。本書認為，不僅在國民教育階段，即使高中、大學階段都應教導學生多認識臺灣、尋求認同，並知道為臺灣的前途而努力。但持平而論，實無須完全切斷臺灣與中國的臍帶，反而應將中國文化視為共有的文化財，視為銜接國際的重要途徑。

若從課程發展歷程來看，以往在國小社會科已納入許多關於臺灣的歷史、地理、民俗及文化，目前在教材內容中增加臺灣的比例，占三分之一是太多或太少？本土化是否意謂「去中國化」？事實上，真正要強調的並

非比例的多寡，而是哪些內容不足，哪些是空無課程，然後再依實際需求適當地增加內容。其次，教科書編輯和教師必須省思，要讓學生瞭解臺灣本土的程度是多少？範疇為何？若只是提供一些學生無法理解的本土課程，反而容易造成學生排斥或學習成效不佳。

最後，教科書編輯與審查者間的意識型態糾結，加上審查者權力控制，常導致編輯者受到壓力。儘管如此，編輯者仍需保有自我省思與批判能力，在面對來自審查者的意見時，須堅持理念並合理的發聲（吳俊憲、宋明娟、吳錦惠，2007），也期望未來在教科書編審過程，能開啟更多的對話和溝通平臺。

參　本土語言課程與教學的爭議

茲分成二部分進行討論：一是中文拼音的爭議，一是本土語言教學問題；最後進行綜合評議。

一、中文拼音

課程決定原本就充滿政治意味，從近年來的中文拼音政策即可見一斑。最早的中文拼音系統發展有二項原因：一是為了幫助外國人學習中國文化；二是為了協助本國人民瞭解外國文化，例如傳教士為了傳教，結合羅馬字與當地方言進行拼音，讓當地人民可以直接閱讀聖經。截至目前國內共有三套中文拼音系統，其一「注音符號第二式」，約在1986年制定；其二「漢語拼音」，是中國在1958年公布的，由於中國是聯合國會員，故此套拼音系統廣受國際人士學習；其三「通用拼音」，係陳水扁擔任臺北市市長任內（1996-2000年）制定（王麗雲，2002）。

民進黨在執政後，通用拼音成為其既定的教育政策之一。然而引發的爭議在於：目前中國與國際人士廣用的漢語拼音，似已成為一種與國際接軌的強勢語言，現今若廢止漢語拼音而採通用拼音，是否會將臺灣推向「遺世而獨立」的窘境？誠如王麗雲（2002）指出，中文拼音政策後來

就成為國內一項文化政治與認同政治的爭議，也形成「去／留中國化」與「正／反臺獨」的意識之爭。

　　產生爭議的另一關鍵因素在於，與長期以來國語推行委員會的定位與功能不彰有關。因此國語推行委員會於2004年提出「有關本會辦理鄉土語言音標及用字情形報告」[16]，其重點有二：其一「鄉土語言音標」方面，鄉土語言課程綱要未指定統一的標音符號系統，其中以閩南語的拼音整合困難、阻力也大；其二「鄉土語言用字」方面，為減輕學生學習負擔，已陸續針對閩南語、客語和原住民語進行字彙整理與研究、常用詞辭典等計畫。

　　另外，在2005年召開的本土教育委員會會議[17]中指出，目前國內鄉土語言課程出現以下問題：其一是閩南語及客語拼音混亂，國中小學生一方面以注音符號學習中文，一方面以音標學習英文，卻又必須以類似音標之羅馬拼音或漢字學習鄉土語言，易導致學生語言認知混淆，令老師、家長在教學上無所適從；其二是民間版國中小學鄉土語言教材出現大量漢字、怪漢字或罕見字，造成鄉土語言與一般生活用語嚴重脫節。故該委員會建議：「必須加速研擬單一式鄉土語言標音符號系統，落實教師研習與教學，並就評鑑不適用的鄉土語言教材進行相關處置。」

二、本土語言教學

　　本土語言[18]自90學年度起已納入正式課程綱要實施，除國語文、英語外，國小一至六年級學生，必須就閩南語、客家語及原住民語任選一種修習，國中則依學生意願自由選習（教育部，2004a）。實施以來，教育部為鼓勵各縣市政府積極推動本土語言教學，使學生能在教學過程中，體認

16　有關本會辦理鄉土語言音標及用字情形報告，2004年4月2日，教育部國語推行委員會。

17　第二屆第一次本土教育委員會會議記錄，2005年4月22日，教育部國民教育司。

18　教育部公布「97年國民中小學課程綱要」（100學年度實施），已將「鄉土」修訂為「本土」，「鄉土教育」修訂為「本土教育」，「鄉土語言」修訂為「本土語言」，2007年10月3日國民中小學課程綱要審議委員會決議通過。

各族群語言對本土文化延續及創新的重要性，進而培養學生在日常生活中能應用本土語言、擴充生活經驗、培養熱愛本土情懷及落實本土化教學的目的，故訂頒「教育部推動鄉土語言教學訪視評鑑計畫。」

　　然而本書發現，目前國內本土語言教學存有以下爭議問題：首先，教室裡的本土語言教學恐成為閩南語教學，這是因為國內多數學校限於師資、經費或設備等原因，大多只能開設閩南語選習，原住民語和客家語則易被忽略；其次，課程綱要規定本土語言只有閩南語、客家語和原住民語三種，但隨著新移民子女人數越來越多，是否也要納入東南亞國家或其他移民原鄉的語言進行教學？第三，相關的教材資源仍相當缺乏；第四，現今許多學校和家長為因應國際化，也為提升學生競爭力，面對本土語言教學多持消極態度，認為「學英語都惟恐不及，哪有時間學本土語言？」

三、綜合評議

　　當前教育部針對鄉土語言音標與鄉土語言用字方面，已請國語推行委員會規劃因應方案，陸續可望解決音標爭議與用字混亂現象。事實上，音標符號本身沒有優劣，只有設計上是否精緻或粗糙的問題，故未來應儘量摒除政治力的影響，勿使拼音政策成為一項政治議題。此外，由於拼音系統爭議在社會各界輿論下，懸宕多年而始終無法做出決策，令學校、教師、家長及學生「無所措其手足」，徒增觀望心態與心理負擔，更嚴重影響學生的學習。目前中文譯音已在2003年公布「中文譯音使用原則」，規定以通用拼音為準[19]。客語確定使用通用拼音，原住民語使用羅馬字拼音，而閩南語直至2007年才公布使用羅馬字拼音[20]。

　　鑑於本土語言教學實施的結果，造成一元化教學、缺乏自主選擇性、教學成效遭質疑及師資不足等問題，未來教育部及地方縣市教育機構，應持續加強本土語言教學的評鑑工作，發揮評鑑功能，定期督導各校實施，

19　中文譯音使用原則，2003年9月19日臺語字第09200126388號函，教育部國語推行委員會。

20　臺灣閩南語羅馬字拼音方案使用手冊，2007年3月，教育部。

並提供改進建議與協助。此外,本書認為惟有學校和教師確實瞭解本土語言的重要性並落實教學,方能由被動的課程忠實者,轉為主動的調適者、締造者的角色,而且在實施教學時能採多元的教學方式,因應社區或地方原有的語言特色,並適當地引進社區人士和資源,如此才能建立一學校本位的本土語言教學模式。

肆 學校課程發展的情形

本書在第四章曾闡述社會重建主義與課程改革本土化具密切關聯,強調課程改革與社會連結,且應重視社區營造與公民意識的建立。為瞭解國內學校實際推動課程本土化發展的現況與問題,本書例舉三所國小的實施經驗並進行檢討。「雙人國小」與「水波國小」(化名)實施的是「社會行動取向課程發展」,另一所「樹木國小」(化名)則是實施「社區總體營造融入課程發展」,最後進行綜合評析。

一、社會行動取向課程發展

國內社會行動取向課程源自臺北市立教育大學陳麗華教授的倡導,她結合美國社會重建主義的課程論述,加上當代教育思潮、公民社會論述及國內課程改革趨向,透過系統化建構出一套本土化的「社會行動取向課程」。該課程主張:社會科教學目標除認知、技能、情意層面,應增加「行動」,鼓勵學生「社會參與行動」(social action)。於是與北部數所國小合作進行課程實驗,成立「社會行動取向課程教材自編發展工作坊」。深究其課程發展的重要理念有二:其一,從公民行動做為起點,並與本土相關聯,因此其課程內涵是本土化的,是結合社區特性的;其二是從「社區參與學習」延伸而來的,與杜威主張「教育即生活」、「學校即社會」的理念相符合,主張教育應該提供機會讓學生的學習與社區的生活產生連結,一來讓學生將教室裡所習得的知識和技能得以實際應用於覺察及解決社區議題,二來也促使學生能藉由社區踏查、訪談、調查等方式,

進一步培養社區意識及行動能力（陳麗華、王鳳敏、彭增龍，2004）。

(一)課程發展的源起

　　「雙人國小」位於臺北縣「雙人社區」的一所小型學校，校史近90年，班級數12班，學生數共270多位。該社區已有二百餘年歷史，屬老舊的傳統閩南聚落，地理環境近山靠海，自然生態豐富，早期農漁業發達。自1980年後受到產業變遷、交通路線、土地利用轉變及其他新興市鎮崛起的影響，使當地頓失優勢、風華不再，青壯居民紛向市區遷移、謀生，造成人口結構嚴重失衡。

　　「水波國小」位於臺北市內，鄰近國內頗富盛名的自然生態公園，山脈環抱、林木蒼翠、古剎巍然、河流匯聚，當地風景和氣候十分宜人，經常吸引大批遊客前往參觀。該社區已有三百餘年歷史，居民多以漁業為主。學校校史約87年，校內處處可見老舊建築，因近年新建室內體育場及游泳池等現代化設施，遂吸引許多學生跨校就讀。現有普通班49班，另有資優班和資源班各1班，幼稚園2班，學生數1,600多人，是一所中型學校。

　　這兩所學校當初推動社會行動取向課程發展的原因有二：其一，該校教師參加陳麗華教授舉辦的社會行動課程工作坊研習後獲得啟發，於是在校內主動組成研究團隊，與陳教授合作進行課程發展模式設計；其二，兩校均曾實施多年的鄉土教學活動，已累積不少鄉土課程發展的經驗。

(二)課程發展的基本理念

　　兩校的教師均表示，學校課程大多係延續過去的鄉土教學活動，將社區的自然景觀、人文特色、傳統建築及土地利用等，經過組織、轉化成為課程內容，並與學校本位課程發展相結合。由此可知，兩校的課程發展雖源自鄉土教學並加以轉化，但兩者並非完全相同，其差異處在於「行動」。一來該課程已歷經重新組織和架構，然後設計出學校在地的、社區主體的課程內容，同時也能結合世界觀與全球關聯；二來課程發展著重社區議題的探索，及社區行動的發展。

㈢課程發展的實施程序

陳麗華、彭增龍、張益仁（2004）指出，社會行動取向課程發展可分三階段：1.社區學習階段，以生活體驗、發現社區資源為主題，引領學生認識社區的人文景觀與鄉土風貌；2.社區探究階段，發展主題教學，透過社區議題的發現、觀察與討論等，深究其因果關係、比較其變遷與影響；3.社區行動階段，規劃社區改造行動，以涵養學童公民能力、建立社區意識與認同及發揮社會責任等，經由社會行動學習民主解決問題的能力。

本書歸納學校推動社會行動取向課程發展的歷程，依序為：

1.組織學校課程研發小組

兩校教師參加社會行動取向課程工作坊後，將相關想法帶回校內與校長及行政人員溝通討論，在獲得支持後主動組成學校課程研發小組。

2.從質疑、摸索中尋繹課程發展方向

此階段為理念宣導期，課程發展初期易遭教師質疑：有沒有指導教授？有沒有足夠時間研發教材？故課程發展須取得學校其他教師、社區人士及家長的支持，由研發小組的教師成員先釐清課程發展理念，透過說明、溝通及討論逐漸找出共識，建立課程發展方向。

3.情境分析

學校採SWOTS進行學校情境分析，尋繹學校的優勢、劣勢、機會點、威脅點及行動策略。

4.訂定課程目標

雙人國小訂定的課程目標有三：其一，培養學生對於社區議題有敏銳度；其二，激發社區公民意識，具有發現及解決問題的能力；其三，促使教師專業成長與發展。水波國小則希望從教師行動出發，帶領學生實際進行社區探究。

5.課程發展的設計與實施

為設計課程方案，雙人國小經常召開學校課程發展委員會進行討論、激盪，教師們也常到社區實際踏查。學校將此套課程發展方案視為正式課程，並設計出適合一至六年級可以實施的課程架構表，固定於每星期二的下午第一節全校實施，至於授課教材採教師自編。該課程特色在：從社區

出發，學生的學習由近至遠、由小到大，讓學生學做社區公民、樂做臺灣公民、願做世界公民，發展其本土意識與國際視野。水波國小則由研發小組先設計出課程架構，然後提到課程發展委員會議進行研討和修訂。例如學校當地特產是鹹鴨蛋，故課程特色在：讓學生認識鹹鴨蛋做為起點，然後教導學生認識學校附近的地理環境、鹹鴨蛋的特質、相關的料理及鹹鴨蛋節慶的推廣；讓學生藉由體驗、觀察、訪問及行動，體會社區與生活的密切關係，進而關懷、愛護社區，最後能重造社區文化、開創社區新生命。該校自93學年度下學期起先從四年級綜合活動領域與彈性課程實施，授課教材由該研發小組自編，然後逐漸推廣至各年級實施。

㈣課程實施的成效

歸納雙人國小課程實施的具體成效有：1.能增進學生更加熟悉社區鄉土自然資源與人文景觀特色，有助於體會生活與社區的密切關聯，藉以凝聚社區公民意識；2.引發社區居民及學生更關注社區特色與在地價值，珍愛社區資源；3.促進社區民眾對於開發休閒產業、改造社區風貌的信心大增；4.促使社區居民與學生更關懷鄉土，積極參與公眾事務；5.有利於引導社區採取公民行動，重建社區文化。水波國小則有：1.課程中讓學生製作鹹鴨蛋醃漬或改良，學生反應課程饒富趣味；2.能培養學生學習、探究及行動的能力；3.由於教材及學習單等均由教師團隊自行研發設計，能促進教師專業成長；4.出版課程發展成果。

㈤課程發展面臨的問題

雖然課程實施前已先與家長和社區人士做過理念上的溝通，但實際上仍有部分家長抱持懷疑的態度來看待這套課程方案，須一再地說明和溝通，使家長釋疑。另外，學校均面臨經費來源不足的問題，雖曾向校外爭取相關經費補助，但結果不如預期，只好「自給自足」，但行政資源一定全力給予教師協助。

二、社區總體營造融入課程發展

「community」是一來自西方的語彙，或譯為「社區」、「社群」或「共同體」，其對社區概念的提出可追溯至希臘時代（龔鵬程，1999）。國內則在1987年解嚴前後，隨著政治和社會日趨民主、多元及自由，使民間自主意識逐漸抬頭（文化總會，無日期）；加上經濟快速發展下，使鄉村人口大量外移、傳統產業沒落，跟著影響家庭結構與居住型態的改變，造成人際關係日漸疏離。於是行政院文化建設委員會自1994年起提出「社區總體營造政策」，依據「文化地方自治化」的概念，從文化、藝術、建築、古蹟、教育、生態、產業及文史等面向切入，鼓勵民眾主動參與和關心社區公共事務，以期形塑出社區的共同體意識，激發社區成員的熱愛與認同，改善社區生活環境，建立社區文化特色，完成「打造新城鄉、形塑新文化」的理想（于國華，2002；文建會，無日期a；林振豐，2002；蔣玉嬋，2001）。

何謂課程發展？本書歸納國內外學者（Oliva, 2001:139; Print, 1988:60-91；黃政傑，1981；黃光雄、蔡清田，1999；黃光雄、楊龍立，2000）的看法，課程發展可視為一個系統性的行動歷程，有適切的理論基礎或理念做為引導，受到相關課程要素的影響，例如：目標、內容、活動、方法、資源、環境、時間、人員、程序、教材及評鑑等，其目的在於針對學生的學習內容和經驗進行計畫和決定，藉以有效提升學習成果。學校本位課程發展在1970年代的英、美、澳等國早已蔚為風潮（Skilbeck, 1984）。近年來隨著國內政治、社會與經濟趨向多元、民主及自由的影響，適提供學校本位課程發展的契機，於是學者專家（如張嘉育，1999；黃政傑，1985）引介概念並進行相關理論和實務的研究。

綜上，本書認為社區總體營造與學校本位課程發展有密切關聯，其理由有二：其一，學校本位課程發展帶動社區總體營造理想的實現。因為學校座落於社區，學校與社區原應成為密切互動的共同體，學校本位課程發展可以帶動建立「社區學校」型態，形塑「社區學習共同體」（王秀雲，

1998；陳其南，1998）；其二，社區總體營造理念豐富學校本位課程發展的內涵。因為社區群體是一個民主的群體，彼此有共同的社區意識，鼓勵人們透過對話產生信賴感、參與感和責任感，合作解決問題並推動社區發展（Smith,1994）。因此，社區總體營造融入課程發展乃在鼓勵學校師生以社區做為課程發展的起點，由教師積極導引學生探究社區和社會議題，參與社區和社會活動，並從社會行動實踐中瞭解問題、解決問題（文建會，無日期b）。

(一)課程發展的源起

「樹木國小」位於高雄縣的一所特偏遠小學，座落於海拔352公尺處，四面環山，有山有水，沿著山路蜿蜒進入，四周竹林茂盛，蕃茄、水蜜桃等農作物栽植繁盛，由於氣候宜人、景色優美，每逢假日經常有許多遊客來訪。學校位處的聚落，多為早期西拉雅族（平埔族之一）的後裔，雖擁有豐富的文化遺產，惟當地工作機會不多，除了一部分從事務農外，很多父母親都要外出工作，造成隔代教養及單親的家庭型態十分普遍，也使當地人口外流情形嚴重，致使當地特有的平埔文化漸有消失的隱憂。該校建校迄今有60餘年，目前有6班及附設幼稚園1班。

樹木國小當初推動此套課程發展的主要原因有二：首先是學校的自發性動機。由於社區總體營造融入課程係以文化教育做為發展重心，相當具有獨特性，因此一開始先由校內少數教師表示願意主動參與，有的出自情感因素，有的出自於自發性動機，有的則是本身具備相關領域的經驗與專長。這群人除扮演專家的角色，提供社區人士各項諮詢意見外，同時也是課程發展方案的實際參與者和推動者（或執行者）。其次是社區人士的支持。由於當地社區地處偏遠，且工作機會不多，造成人口外流嚴重，也使當地平埔族文化有消失之虞，故推動社區總體營造或許可以為促進社區發展帶來新契機，但最重要的還是必須先獲得當地社區人士的認同與支持，如此方能水到渠成。

(二)課程發展的基本理念

　　樹木國小在推動社區總體營造融入課程發展時，有受到下列四項基本理念的導引：1.學校積極參與社區總體營造，使學校成為社區文化與教育發展的中心；2.建立學校與社區的生命共同體關係，彼此學習、互相成長；3.透過課程發展，進而學習、認同與傳承社區文化，發展社區文化產業，讓社區生活變得更好；4.瞭解社區的歷史及文化變遷，讓社區獲得永續的經營與發展。

　　另外，社區總體營造融入課程發展的意涵與鄉土教育、本土教育的關係為何？學校教師認為，前者重視記錄、營造和發展文化教育，雖與鄉土教育有關，但在內涵上是突破鄉土教育的。另外，前者係以社區發展做為課程發展的主軸，強調如何使人們與社區形塑出生命共同體，如何使社區生活變得更好，與本土教育在概念上有若干契合，但不完全相同，因為前者不會特別強調臺灣意識或主體性的內涵。

(三)課程發展的實施程序

　　本書歸納學校推動社區總體營造融入課程發展的歷程，依序為：

1.分析學校情境

　　蒐集有關學校所在社區的各項相關資訊，包括職業結構、歷史變遷、地理環境、建築硬體、家長專長及文化資源等，然後擬訂課程方案初稿，並向相關機關申請經費補助，例如學校在1996年獲補助並興建全國第一座的平埔族文物館，做為歷史文化的象徵。

2.確立課程發展願景

　　學校利用各項集會時間，或拜訪社區村長、理事長及社區發展協會成員，宣導推動社區總體營造的重要性，並表現出學校關心社區發展的誠意，以爭取社區人士的支持和認同。同時，也向學校家長會提出社區總體營造融入課程發展的相關理念。然後，邀請社區人士與學校共同擬訂課程發展的願景，過程中不斷進行討論和修正，最後就生活、文化、產業及教育四項層面確立課程發展的願景。

3.訂定課程目標

學校依據願景訂定具體的課程目標，使學校教育與在地的文化教育相結合。整理學校的課程發展目標有三：首先是瞭解社區的文化生態與文化產業的相關知能；其次是學習有關文化創作及社區導覽的技能；最後從文化教育的面向培養學生瞭解社區文化的內涵與精粹，進而對於自己文化產生認同和自信，亦即培養學生具有愛家、愛鄉及傳承文化的態度。

4.設計課程內容

在學習主題的設計方面，學校會向縣政府文化局申請兒童閱讀方案，向學生介紹平埔族的文物，讓學生瞭解自己家鄉的歷史和特色，然後指導學生從事文學創作、繪本、紙影戲及劇本撰寫等。整體而言，學校採融入課程設計方式，結合不同的學習領域發展學習主題。例如語文學習領域有平埔族文化的寫作及文學的創作、地方農產品的文學主題創作等；社會學習領域有編製社區文化導覽手冊及教學、親子文化解說員培訓等；藝術與人文學習有平埔族紙影戲創作及表演、文化主題繪畫創作、陶版文化創作等；自然與生活科技學習領域有家長種植小林常見食療植物及對學生進行教學、地方農業產品介紹、地方生態解說教學等。

5.實施課程方案

在課程發展人力來源方面有學校教師、家長、社區耆老、平埔族文史協會的理事長及成員等。在行政規劃與配合方面，學校致力營造出文化場域，讓學習者感受到學校和社區是一家親的關係，學校也成為社區營造的一環。

(四)課程實施的成效

學校實施課程發展的具體成果如下：

1.使學校與社區間搭起溝通、合作的橋樑

由於課程設計與社區文化再造等工作，是由學校校長、行政人員、教師、學生、家長及社區人士合力完成，故學校和社區間已建立溝通、合作的密切關係，彼此產生「共榮共生」的命運共同體關係。

2.使學生體會到社區生活、生存、生長及生計的生命歷程

學校引導學生去討論如何瞭解與自己在同一塊土地上的人們所共有的生命歷程,包括生活、生存、生長及生計的各項議題;也讓學生去思考如何才能讓學校和社區擁有更美好的生活環境,如何營造社區共同體的文化場域,藉以培養學生敏於參與公共事務的態度,以及與他人理性討論、解決問題的能力。

3.使社區和學生能接納並認同自己的平埔族文化,從而建立自信心

學校和社區共同努力的成果獲得高雄縣社區總體營造與活力社區再造方案的首獎,讓當地平埔族文化的研究與學習更加受到重視,促使平埔族文化的意義及傳承得以在社區中孕育,而社區和學生亦能學習到接納、認同、肯定與欣賞自己的平埔族文化,並獲得自信心。

4.社區成員主動參與社區再造與課程發展的意願明顯提高

該課程實施後,對於增進社區成員「由下而上」的自發性動機與意願有明顯提高的現象。究其原因有二:其一,學校鼓勵家長發揮在地生活的各項專長,並與學校加強合作和交流,家長從參與過程中獲得肯定與成就,自然願意持續參與。其二,因為課程方案關切的議題即社區裡的各種生活事項,與社區每一位成員息息相關,因此容易引發社區成員參與的意願。

5.凝聚出社區公民意識

該課程能有效增進當地社區成員具有歸屬感與認同感,因為人們將社區文化視為一項榮耀,自然就會產生歸屬與認同的情感,也因此更容易凝聚公民意識,增強社區成員的內聚力,大家願意更加主動、積極地參與和關心社區裡的公共事務。

6.永續發展社區文化產業

社區總體營造是發展社區文化產業的基礎,由於該社區能善用平埔族生活和文化的素材加上創意,已經順利營造出屬於當地社區的文化特色和觀光產業,為了加強維護、認知和瞭解,學校也配合培訓學生及家長成為文化解說員。

7.增進教師團隊的合作與成長

推動課程發展常使教師團隊備感辛苦，還好在過程中教師們多能互相合作，也接受校外人士的專業指導，尤其校長及學校行政人員大多能站在協助而非指導立場，允許教師團隊有較多的發展空間，所以在課程實施之後常有豐富的收穫。在歷經親、師、生多方面的合作後，不但與當地社區居民能更融洽地生活在一起，也增進彼此間合作的默契，共同為營造美好的社區生活而努力。

伍)課程發展面臨的問題

學校實施課程發展面臨一些問題，需要學校與社區共同面對並謀解決之道。

1.社區人士在認知上的差異

由於課程發展與社區發展均屬於開放系統，也涉及權力運作關係，若是未能在推動初期獲得社區和家長的認同與支持，未來將易因誤解而造成衝突。尤其發展社區總體營造融入課程發展方案時，因涉及到文化議題，容易使社區人士和家長產生錯誤的認知：「學校為什麼要教這些東西？」「會不會有標籤化的作用？」「現在學英語都來不及了，哪裡還有時間學這些東西？」其實，這些問題大多是認知上的差異所造成。學校若能讓社區民眾和家長瞭解這套課程方案的定位，在於培養健全的社區共同體意識，並由學校成員先釋出善意，有心經營社區總體營造、付諸實際行動，如此一來，社區受到激勵和鼓勵，自然就會願意主動配合和參與。

2.教師在推動初期的質疑和抗拒

課程發展初期，先會遇到校內教師的質疑和抗拒。究其原因有二：其一，教師擔心授課時間不足；其二，教師擔心是否具備課程設計能力。基於此，在課程規劃初期必須依賴有專業或經驗人士進行引導，而非放任教師自行發展課程。同時也要規劃詳細的藍圖做為指導方針，否則教師們只會徒然感到忙亂和不安。

3.課程評鑑機制的缺乏

學校課程發展程序大致上尚稱完備，但似乎較偏向直線式的課程發展

模式，也缺乏「課程方案評鑑」的步驟，日後將難以針對課程發展的成果及各項步驟提出檢討和改進策略，亦無法運用回饋機制規劃下一波的課程發展，使課程發展無法達成永續經營的目的。是故，本書主張理想的課程發展應加上課程方案評鑑，並依循著循環式的發展程序，形如下圖5。

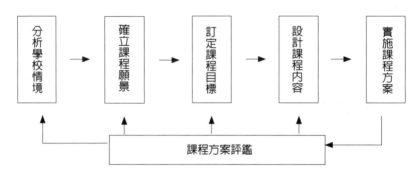

圖5　國小社區總體營造融入課程發展的理想程序

資料來源：本書自行整理。

三、綜合評析

國內在政治解嚴後適逢時空背景轉變、民間自主意識蓬勃，加上行政院文化建設委員會推動「社區總體營造」政策及學者提倡「社會重建取向課程」的引導下，近十餘年來，許多縣市政府鼓勵轄下鄉鎮社區改進生活環境、建立文化特色，希冀未來落實於改造社會文化、重建臺灣本土文化，而這波改革風潮也影響到學校教育革新。本書例舉三所國小實施課程發展實例，探討學校實施「社會重建取向課程發展」與「社區總體營造融入課程發展」的源起、基本理念、實施程序、實施成效及面臨問題。茲提出下列評析與省思：

㈠本土化課程發展的意義與核心價值必須確立

本書發現，學校課程發展的基本理念雖與本土教育若干相符，但似未

能落實其真正意涵，對於引導學生認同本土、建立臺灣主體意識的目標似尚無法達成。因為「雙人」和「水波」兩所國小的課程發展是植基於「生活的鄉土」，而「樹木」國小則是著重與社區結合，其範疇與「臺灣本土」不盡相同，未來宜由鄉鎮社區擴及縣市，再到整個臺灣，以擴大學生視野，進而連結全球。另外，學校的課程內容經常安排「拜訪老街」、「社區巡禮」、「認識社區祭典」等學習活動，但教師若無法事先確立學習目標，易造成「走馬看花」、「嘉年華式」的現象，學生雖快樂地走入社區學習，卻無法獲得真正成長。

(二)課程發展不應只是偏狹的地方或鄉土主義

國民中小學九年一貫課程強調培養學生具有「鄉土與國際意識」的基本能力，課程目標訂定「促進文化理解與國際瞭解」。當前面臨全球化與國際化的衝擊下，學校實施課程發展時不宜侷限於地方或鄉土範疇，否則易引起家長與社區人士的誤解。故應強調建立社區與族群文化認同，銜接臺灣整體、全球文化和國際議題，以期突顯本土文化的主體性和生命力，增進學校與社區邁向共榮、共存的合作關係。

(三)應加強觀念宣導、對話及組織運作

實施新課程方案初期，人們在面對教育革新時易生抗拒或誤解，故應透過拜訪、座談會及說明會等方式，對學校教師、家長、社區人士及學生進行觀念澄清與溝通。學校必須展現開放心胸，願意傾聽來自社區的各種聲音，並與社區成員理性對話和討論，建立共同的社區發展意識（歐用生，2003：88）。例如學校可在一開始就主動拜訪社區人士，先設法將好的理念推廣出去，以求獲得認同和支持，促使社區成為學校課程發展的資源庫，學校成為社區尋求發展與進步的智囊庫。其次，要鼓勵各相關組織的設立與運作，包括社區發展委員會、學校課程發展委員會、班親會及家長會等，建立夥伴合作關係。

㈣提升教師對社區認同並追求專業成長

　　許多學校教師對於當地社區文化相當陌生或視為過客，此對實施本土教育課程而言是十分不利的。因此，教師應能認同社區文化，融入社區生活，願意與社區共同成長，而這必須從改變心態做起。另外，教師同儕可組成行動研究團隊，透過社區議題課程方案研發與實施，充實自己在相關方面的知識與能力，增進專業成長。

㈤加強課程研究並健全課程發展永續機制

　　目前國內對於學校推動課程本土化發展的相關研究尚不足，致使學校課程改革的理論依據和應用性受到限制，值得加以注意。另外，許多新課程方案在實施一段時間後，容易因為校長或承辦主任調校或離職而有「人亡政息」的問題，故學校可成立常設的課程研究與發展的組織，建立永續經營的課程發展機制，採循環式課程模式，隨時提出課程檢討、改進及回饋。

第四篇

問題與展望

第八章

本土教育課程改革
的問題與影響因素

壹 當前面臨的問題

　　群策會（2003：172）指出，當前臺灣的發展面臨兩大基本問題：國家認同危機與國家競爭挑戰，故21世紀應以建構臺灣主體性教育做為首要目標，培養學生成為認同國家、熱愛土地的現代公民，進而提升國家競爭力。本書檢討當前推動本土教育課程改革面臨的問題有：長期對本土教育的忽視、學習者對本土的認同與關懷不足、缺乏完整的本土教育政策、本土教育專家人才的培育不夠、師資與教學素養欠缺、教科書本土化程度不足、參考資料貧乏及其他等。

一、長期對本土教育的忽視

　　由於過去長期受到黨化教育的影響，使社會大眾產生錯誤的認同或價值觀，造成只知有中國而不知臺灣，使本土教育成為學校裡的一種空無課程（null curriculum）。或許無需刻意切斷兩岸人民在血緣、文化及歷史上的關聯性，也或許有人持不同的意識型態或政治立場來看待本土教育，但盱衡當前臺灣社會現狀，實有必要教導社會大眾認清事實，在學校實施本土教育做為重要的課程內涵。

二、學習者對本土的認同與關懷不足

觀察教育現場可發現，現今多數學生對於自己出生與成長的土地所知有限，深究原因之一在於家長和學生不重視，認為關乎基本學力測驗的學科才是學習重點，甚至花費許多時間去補習。一來在課業壓力下根本沒有時間去認識本土，二來視本土教育為非主流的學科知識，三來認為學習英語才能接軌國際和全球，因此對於認識臺灣和本土知識「棄如敝屣」。只是如此一來，如何與學習者談論「愛臺灣」、認同臺灣？

三、缺乏完整的本土教育政策

推動本土教育良窳的關鍵繫於政策規劃是否完整、周詳及落實。目前國內雖已成立本土教育委員會負責規劃與推動相關的本土教育政策，但見諸實際，許多政策面缺乏系統、方向不定、經常變動及尚未落實，常造成各級學校及相關機構無所適從。以鄉土語言教學為例，常見問題有：從一開始列為「選修」，到後來變成「必選」；採用何種拼音方式爭議不斷；鄉土教學師資培訓不及等。另外，一國的教育目標或宗旨是引導教育政策制訂方向的依據，但省思我國教育宗旨：「根據三民主義，以充實人民生活，扶植社會生存，發展國民生計，延續民族生命為目的，務期民族獨立、民權普遍、民生發展，以促進世界大同。」其目的在認識中華文化、激發愛國思想。倘要落實推動本土教育，有必要重新修訂教育宗旨，以認識臺灣、建構臺灣主體性及凝聚國民的國家意識和認同等，做為教育宗旨的核心（莊萬壽，2005：5-14）。

四、本土教育專家人才的培育不夠

人才的缺乏與培育方面可分成三部分說明：第一，對本土教育有深入鑽研並具有專業知識涵養的學者專家目前仍太少，例如在教科書編輯與審

查時即可顯見問題所在；第二，即便有了專家人才，但許多人的觀念分歧，甚至互相批評，易阻礙本土教育的發展；第三，目前研究本土教育的學者專家大致可分成兩類，其一是具有教育專長者，其二是各領域本土知識專長者（例如臺灣文學、臺灣美術及臺灣歷史等），如何引導兩類專長人士合作以發揮更大的影響力，是未來待努力的課題。

五、師資與教學素養的欠缺

光有良好的本土教育政策，卻沒有優良的師資與教學，仍是「功虧一簣」。當前實施本土教育的問題之一，在於師資培育的缺乏。誠如鄭正煜等（2002：368）指出，國民中小學實施鄉土教學面臨缺乏師資的狀態，因為多數教師未接受過相關課程與教學的訓練，易導致本土教育實施的品質參差不齊。莊萬壽（2003：102）也指出，國內約有一半以上的高級中等以下學校師資尚未具備本土文化專業知識，而且觀念偏頗。見諸教學現場，確實多數未能意識到本土教育的重要性，也欠缺本土知識素養與教學能力。究其原因在於，師資養成階段未加以重視，教師在職進修也未能安排相關研習課程，如此一來，即使編有好的教科書，只怕教師也缺乏適切的教學知能。

六、教科書本土化程度不足

莊萬壽（2003：97）曾針對1992年國立編譯館出版的中小學教科書進行分析，結果發現國語科的所有課文都未納入介紹臺灣籍的先賢能士；社會科內容則充斥著灌輸學生如何成為一個「堂堂正正的中國人」，臺灣僅是中國的「一省」；在國中和高中的國文和歷史教科書也有相同情形。由此可知，教科書充滿特定的意識型態，且「臺灣」出現在教科書中的比例實在太少。在教科書編輯與審查方面，目前由「國編版」改為「審定版」，在開放民間出版業者編輯後，卻涉及編輯與審查兩者間的觀念落差與意識型態糾結。另外，由於國內的教科書市場規模太小，致使民間教科

書出版業者在編輯教科書時，較難以配合一些本土的特色內涵來撰寫教科書。

七、參考資料的貧乏

可能是受到國內長期黨化教育及推行中華文化復興運動的影響，造成本土相關的學習內容受到壓抑，被認為是「不登大雅之堂」或無法浮上抬面，抑或動輒得咎。惟近年來國內已陸續設立以「臺灣」為名的相關大學學系及研究所，顯見已逐漸改善並受到重視。另外，有些教科書編輯者及教師反映缺乏本土教育相關資料可供課程設計或教學參考，或資料過於零散、不正確，故未來需要更多的學者專家與實務者投入本土參考資料之蒐集、整理、維護、保存和研究等工作。

八、其他

最後還有下列三項問題。首先，本土課程設計理論缺乏。莊萬壽（2003）及陳麗華等（2003a）曾對國內教科書內容進行分析，結果發現大多未能在課程內容、形式或結構上關切本土課題，也無法符合本土的實際需求。雖然曾一度在國中增設「認識臺灣」科，但過程充滿爭議、教材內容零散，也缺乏適切的課程設計理論做為課程發展及教科書編輯的依據。

第二，課程內容缺乏正確的臺灣意識觀與臺灣主體性。臺灣意識與臺灣主體性是推動本土教育的兩項重要內涵。然而，國內對於臺灣意識的詮釋相當紛歧，甚至夾雜一些政客的意識型態，扭曲其真正意涵。未來進行課程改革應關注以下問題：如何導正臺灣意識的內涵，並適切地融入課程？如何教導學習者對於本土的族群、文化、歷史及地理等，主動去認識、瞭解、認同及關愛？如何增進國人具有臺灣意識和主體性思惟？

第三，課程改革實施不連貫、不周詳且課程目標不明確。本書認為當前應致力尋繹出一套適合本土教育實施與推廣的課程改革模式，惟目前面

臨的問題尚有：㈠不同層級的課程改革方案規劃缺乏連貫性；㈡改革內容的規劃未能評估社會變遷及學生需求；㈢課程目標未能符合本土教育的理念。

貳 改革的影響因素

　　本書歸納本土教育課程改革的影響因素有：社會氣氛的轉變、民間團體的建言、執政黨的影響力、行政首長的理念、大學教育機構及學者專家的主張、民意代表的介入等。茲分別闡述如下：

一、社會氣氛的轉變

　　1987年政治解嚴後，使當時的社會環境氣氛產生巨大轉變。一來，社會變得更開放、自由、民主及多元；二來，民間自主意識抬頭，教育改革成為主要訴求之一；三來，教育政策漸趨「鬆綁」，教育制度漸趨現代化。致使本土教育成為新興又重要的教育議題之一。

二、民間團體的建言

　　隨著社會氣氛轉變，加上許多留學歐美及日本的學者相繼回國，促使社會大眾的教育水準大幅提升、民智大開。影響所及，民間團體相繼成立、社團活動日益頻繁，於是要求教育改革的聲音不絕於耳。有的會主動向相關機構提出各項建言；有的會積極尋求合作對象進行改革；有的會施以壓力並引導改革工作。但無論如何，來自民間的殷切期盼與需求，使教育部感受到本土教育的重要性，並逐步規劃相關的改革工作。

　　例如臺灣南社、北社、中社、東社、臺灣教授協會、臺灣筆會及醫界聯盟基金會等曾於2002年向行政院提出建言，指出「九年一貫課程暫行綱要」諸多理念和內容均在於教導學生認同中華文化、中國史地等，卻遺忘認識臺灣，故提出下列修訂建議：

「九年一貫課程（暫行）綱要」……，在語文學習領域本國與（國語）之可成目標第六條：「透過語文學習，體認中華文化，並認識不同族群及外國之文化習俗。」然文中卻不及於臺灣文化之培育與體認。再如本國語（閩南語）部分，姑不論HOLO語與閩南語有25%以上的差異，其基本理念四中竟又是藉學習閩南語「認識中華文化」；而學習客家語「基本理念」亦要「認識中華文化」，其中「臺灣文化」到底何在？同樣「社會學習領域」「基本架構」，至第四階段國中部分，國小由自我、家庭、學校、社區、家鄉讀到臺灣以後，國中本國社會課程明註「中國地理」、「中國歷史」、「中國社會生活」，其中架構，已遠較國民黨時代「認識臺灣」倒退。[21]

臺灣南社曾針對「國民中小學九年一貫課程綱要」提出修訂意見：「建議將綱要中所有『本土』、『鄉土』文化之字眼全部修改為『臺灣』文化，並將『本土』界定為『臺、澎、金、馬的土地』」[22]。教育部在2002年將此建言納入本土教育委員會議提列正式議案討論。當時的教育部長黃榮村在會中做成三項決議事項，並請國民教育司提送至九年一貫課程綱要委員會參考修訂，包括：㈠社會學習領域「基本架構」之表格臺灣部分各階段之重點改為CBAA，第四階段臺灣部分仍應提升為A級；㈡「綱要」之基本理念「以體認中華文化精髓」應改為「以體認臺灣文化與中華文化精髓」；㈢課程目標六宜改為「透過語文學習，體認臺灣文化與中華文化」[23]。

臺灣南星會曾於2003年發函行政院，建議：「為停止將臺灣人塑造成中國人，各級學校教科書關於中華民國依據『開羅宣言』統治臺灣之謊

---

21 詳見臺灣南社、北社、中社、東社、臺灣教授協會、臺灣筆會、醫界聯盟基金會致行政院院長書信，2002年11月22日。

22 教育部本土教育委員會第二次會議開會通知單議程，2002年12月4日，臺（91）研字第91185984號函。

23 教育部本土教育委員會第二次會議會議記錄，2003年1月10日，臺研字第0910198915號函。

言，及以中國為中心之內容應儘速剷除，以拯救瀕臨滅絕之臺灣命脈，並為此亦請即成立特別小組，研討臺灣主權問題，以釐清『開羅宣言』之真相[24]。」其後轉由教育部處理，納入本土教育委員會討論。

也有出現若干以個人名義向教育部提出陳請，希望能修正以臺灣歷史為本國歷史，以臺灣地理為本國地理，並在所有考試中加重有關臺灣史地的試題比例，以做為推動本土教育的原則，培養學生具有認同臺灣、熱愛臺灣的價值觀[25]。此外，尚有一些民間團體採自動精神推動本土教育，成立「地方文史工作室」，致力於社區關懷、人文探索、文物館藏與研究、社區總體營造、原住民族群工作及鄉土文化藝術等工作。但近年來面臨經費及人力拮据問題，加上若干地方文史工作室未取得合法地位，無法擴大研究臺灣史的視野和內涵，因此其角色定位和任務功能在未來亟待調整（桃園縣政府，無日期；張炎憲，無日期）。

三、執政黨的影響力

執政黨的理念往往會成為制訂教育政策的方針或依據。例如國民黨執政時期，受到來自中國與美、日等強權國家的雙重壓力，內憂外患之際，為了教化人民認同中華民國、激發熱愛情懷，於是將執政理念轉化為「黨化教育」措施。2000年民進黨執政後，由於臺灣本土化是其重要理念，自然會特別重視本土教育課程改革。不過，目前國內已逐漸發展出一種趨勢，無論哪一個政黨均強調本土化的重要性，因此本土不是特定政黨才可以宣稱的，推動本土教育也不代表特定政黨才有的主張，不宜予以泛政治化或標籤化。

---

24 同註9。

25 教育部函轉外交部函復廖○○先生陳請書案副本公函，2003年4月23日，臺研字第0920058647號函。

四、行政首長的理念

　　課程政策決定常與行政首長（包括總統、行政院長及教育部長等）的理念密切相關，往往其理念、主張或觀點都會成為影響政策制定的關鍵因素。以教育部前部長杜正勝為例，曾提出社會科「同心圓」課程改革、建立臺灣主體性、將臺灣地圖倒過來看等主張，其後在擔任部長任內即致力於將上述理念融入課程改革政策，例如教育部公布「2005-2008教育施政主軸」，規劃「臺灣主體」做為政策主軸之一，旨在建立臺灣主體，培養國人具有臺灣意識。

五、大學教育機構及學者專家的主張

　　大學教育機構及學者專家對本土教育課程改革也時有重大影響。例如1993年國立臺灣師範大學人文教育研究中心由莊萬壽教授擔任主任，有鑑於中小學教師對本土文化的缺乏認識，會成為阻礙推動本土教育的重要因素，故在臺北縣（縣長尤清）的經費補助下，為教師在職進修開設了一連串的本土課程；其後，也接受臺北市政府教育局委託辦理「臺灣人文課程研習班」，課程內容包括臺灣文學、語言、史地、教育、音樂、藝術、宗教、文化及建築等領域。另外，該中心也多次舉辦臺灣本土文化國際學術研討會，並籌編「臺灣文化事典」，成為國內第一本以臺灣為主體的綜合性百科全書，具有引導社會大眾認識及研究臺灣文化的功能（國立臺灣師範大學人文教育研究中心，1998）。

　　此外，有些學者專家感於本土教育的重要性，主動支持並參與推動相關課程政策。但也有人質疑教育部在推動本土教育過程中，聘用了一些具有特定政治立場或意識型態的學者專家，主導整個課程政策的走向。相較之下，後者易引起許多爭議，必須儘量避免。

六、民意代表的介入

　　立法院是國家最高的立法機構，立法委員的質詢往往反映社會大眾關切的焦點（黃政傑，2005：58-59），若再加上報章媒體的報導，經常會帶給施政者壓力，但同時也促其在制訂政策時更加審慎且周詳。目前在立法院有關教育領域的質詢範疇，主要屬「教育及文化委員會」，底下例舉該委員會的立委以本土教育相關議題做為質詢焦點的概況。例如國民黨籍立委洪秀柱曾質詢前教育部長黃榮村，高中課程歷史綱要修訂是否等於將教科書本土化與臺獨化劃上等號？

> 本土化絕對不等於去中國化，今天如果我們真的強調本土化，也絕對不應該是臺獨化，可是今天就有部分的人士將本土化與臺獨化劃上等號。……本席再三強調，我們不反對本土化，學生可以透過這些教材，認識臺灣，認識自己居住的環境，然後來愛它、認同它，我們不反對這個理念，但是我們很關切下一步要做什麼？（洪秀柱委員質詢，**2003**）[26]

　　另一位民進黨籍立委曹啟鴻也曾針對本土化、臺灣化及去中國化間的關係對前教育部長黃榮村提出質詢。

> 我們一再的強調本土化不是排他，本土化等於是要包容所有優良的文化。……然而，現在卻有很多人將本土化或是臺灣化解釋為去中國化。其實，所謂的去中國化，可能是用在國家行政權的部分，因為我們認為自己是獨立的一群人，能夠將自我的管理做得很好，但是，在文化的部分我們並沒有排斥中國文化，也沒有排斥日本文化。所以我們希望教育部在這一方面做好充分的闡釋，讓我們的孩

26　立法院第5屆第4會期教育及文化委員會第4次會議，2003年10月15日，立法院公報，92卷45期，頁66-67。

子能夠瞭解。（曹啓鴻委員質詢，2003）[27]

　　綜上，不同政黨立場的民意代表質詢的焦點經常圍繞在本土教育的相關理念及課程政策進行辯論，雖然有民意代表質疑教育部推動本土教育課程改革目的是別有居心，但事實上不同政黨的多數立委大多仍肯定本土化、本土教育的基本理念，也都認為幫助學生更認識臺灣、認同臺灣及愛護自己居住的土地，這樣的觀點相當正確也值得推展，只是教育部的一些做法常有爭議。

27　立法院第5屆第4會期教育及文化委員會第4次會議，2003年10月15日，立法院公報，92卷45期，頁81-82。

第九章

本土教育課程改革
的發展趨勢與展望

壹 發展趨勢

一、本土教育實踐理念與內涵方面

㈠本土教育是教育內涵的核心主張，鄉土教育是實踐本土教育的基礎，全球教育是本土教育的接軌延伸

本土與鄉土是相容、相通的概念，其相異處除了指涉的空間和範疇外，在性質上也不相同，例如本土大多是一個國家或地區在面對外來勢力的入侵、壓迫，為求生存、獨立而興起，而鄉土則是受到來自國家或地區內部的壓抑，為求反抗集權統治、展現地方文化特色而興起。是以，鄉土教育是指以各地方鄉土的歷史、地理、文化、語言、信仰及藝術等知識範疇做為教育內涵，而本土教育是以鄉土教育做為基礎並延伸討論範疇的教育內涵，其教育目標、內容與方法必須符合本土的實際狀況與需求，其教學內容包括本土語言、文學、音樂、美術、歷史、地理、社會、自然及文化等。此外，鑑於本土化與全球化具有「依賴又自主」的關係，一個國家越強調全球化，事實上就越須重視本土化，藉以展現本土的獨特性與多元性，才不致受全球化衝擊而迷失其中。

21世紀強調追求全球化與國際觀，但也必須奠基於本土化，透過實施

本土教育增進學習者更加認識鄉土、理解本土,進而認同本土、肯定自己、認同國家,培養出共榮、共存的情感,同時也發展出多元文化觀和世界觀。誠如林蘭芳(2003)指出,即使是世界觀教育,也強調學生要認識自己和其他民族的文化,尊重自己和其他民族的文化,讓學生在學習不同族群的文化特色時,能培養瞭解、欣賞及尊重的態度,改變不當的偏見和刻板印象,藉以發展多元的價值觀,涵養宏觀的國際視野及尊重多元文化的態度。

綜言之,以鄉土教育做為實踐本土教育的基礎與重要途逕,確立本土做為教育內涵的核心,培養學習者具有本土意識並認知主體性,再向外延伸以接軌全球教育,培養學生具有全球意識與國際觀,此正符合「全球思惟,本土行動」的理想教育目標。

㈡本土教育主張以全體國民做為教育主體,強調主體性、回歸教育本質及「由近而遠,再回到近」的參照觀

本土教育原是教育內涵的一項重要主張,若從教育本質或特性來看,是順乎自然且貼近生活經驗的。在臺灣,或許受到過去特殊的歷史背景與社會變遷,或是不同政治立場者的意識型態介入,致使人們對於「本國」、「本土」產生認知落差,似乎一提及「本土教育」便是充滿濃厚的政治意味。但仔細深思,本土教育強調以全體國民做為教育主體,其目的在建構臺灣文化的主體性,凝聚國民具有生命共同體的感受,在教育上希望教導學生更加認識週遭生活,進而建立對鄉土、本土及國家的認同感。

上述理念與課程改革的政治取向、後殖民論述、多元文化主義及社會重建主義等論述觀點息息相關。探究其間的關聯性在於:第一,本土教育經常涉及權力、控制、結盟、交涉、妥協及利益的政治社會化歷程,必須加以批判並避免政治意識型態的過度介入;第二,臺灣長期被殖民的歷史經驗下,必須透過本土教育喚醒人民的主體意識,恢復被邊陲化的地位,改革不合理、不公平的社會現象;第三,本土教育強調重建多元的社會價值觀,透過實施多元文化教育促進學習者更加瞭解、接納及尊重多元族群的文化差異;第四,本土教育期能建立公民社會、培養公民意識,讓人民

能當家做主，既享有權力，也必須承擔責任，從關心社區事務做起，擴大到未來能積極參與國家和社會公共事務。

另外，由於過去實施黨化教育及長期灌輸受教者大中國意識的影響下，造成學生只知有中國而不知臺灣，未來必須回歸教育本質，重新調整教育內涵。首先要超越政治意識型態，實施本土教育不等同「去中國化」；其次須教導人們認識自己生活週遭的人、事、物，並產生認同與關懷之情；最後須具備「由近而遠，再回到近」的相互參照觀點，實施本土教育不只侷限於本土，而是以此做為出發點，採取「由近而遠」的觀點看待和包括各族群文化，然後「再回到近」做為相互參照，幫助學習者與生活經驗連結，促使更加認識自己、認同本土，並建構出臺灣文化的主體性與優先性。

不過，實施本土教育也必須釐析以下問題：什麼是本土教育？為何要提倡本土教育？如何實施本土教育？這是誰的本土教育？誰為本土教育下定義？誰又從中獲利？本書認為，必須回歸教育本質來討論本土教育，教導學習者認識自己、貼近生活的人事物及史地文化等，然後由近及遠，打破我族中心主義或地域主義觀點，如此方有助於消除長期以來受到殖民壓迫所失去的自信心及身分認同的模糊意識，然後培養出批判思考能力與國際觀，能同時具有全球的視野與在地的行動。

(三)本土教育課程改革強調以學生做為學習的主體，其課程內涵是符合學生需求的、保持中立客觀的、關心多元族群文化的及省思後殖民境況的

本土教育課程改革關切以學生做為主體，以多元族群文化做為課程內容，並省思和批判後殖民的境況。鑑於過去實施一元化教育的結果，使臺灣主體性的課程成為隱形課程或空無課程，也造成學生的主體性受到壓抑。因此，本土教育課程改革必須符合學生需求，在正式課程、非正式課程、彈性課程及潛在課程中進行設計和實施，讓學生親身去經歷、體驗和實做，在歷程中明白主體性的意義與重要性。此外，課程內容必須與學習者的生活產生關聯，教師可以運用融入領域或學科的方式進行教學。要言

之，要突顯主體性通常必須透過「相互比較」，才能明白「我」與「汝」的差異，單一性質的文化是無法展現個人的主體性，惟有透過多元文化的相互激盪、衝擊和發聲，個人的主體性才容易獲得展現。

二、本土教育課程政策興革與發展方面

㈠教育部推動本土教育課程改革，乃受政治解嚴後在各層面帶來的影響，其目的在深化本土認同、發揚臺灣主體性、凝聚共同體意識及提升國家競爭力

　　1970年代的臺灣在國際外交上受到挫折，因而激起一股臺灣意識，連帶地影響蔣經國在晚年開始推動政治本土化改革。1980年代受到政治解嚴後在各層面帶來的影響，促使本土教育課程改革陸續蓬勃開展，開始修正過去以中國意識為主的課程目標及內容，轉而納入較多關於臺灣及本土族群觀點的課程材料，訂定「愛臺灣，鄉土情，中國心，世界觀」做為重要的國家教育政策指標。深究其目的有四：第一，為中小學生構築完整的臺灣圖像，並培養對臺灣整體內涵應有的認知；第二，深化學生對臺灣產生認同感，期能凝聚公民意識、塑造理想的公民社會；第三，培養學生具備本土意識及關注本土的情懷；第四，培育學生具有迎向全球的才能，提升國家發展的競爭力。

㈡本土教育課程政策包括修訂課程標準、設立改革組織、編修資料庫、設置大學系所及制訂施政主軸等，政策內涵的合理性與正當性值得省思

　　受到時代潮流與社會變遷的影響，加上來自地方政府與民間團體的壓力，教育部自1990年起陸續推動各項本土教育課程改革政策。在1993年制訂鄉土課程標準，陸續於中小學增設「認識臺灣」、「鄉土藝術活動」、「鄉土教學活動」等科目；2002年正式成立「教育部本土教育委員會」，負責規劃全國本土教育政策及未來發展方向；委託國立編譯館編纂「臺灣青少年文庫」等參考資料庫；鼓勵大學校院設置臺灣研究相關系所，1995

年迄今成立的臺灣人文學門共計25個系所，可依性質區分為整合、歷史、文學、文化等四類；公布教育施政主軸，明定「建立臺灣主體性」做為四大教育施政綱領之一，確立未來本土教育課程改革政策的規劃方向。

但省思本土教育課程政策內涵的合理性與正當性，往往牽涉許多政治意識型態與角力，常造成課程政策方向不明或懸宕不定。例如劉惠玲（2004）就指出推動「認識臺灣」課程政策的背後正反映「中國本位」與「臺灣本位」意識型態的鬥爭。目前雖已成立本土教育委員會，但似未能充分發揮實質功能，所規劃的一些改革措施大多屬點狀式，無法擴大聯結到線狀式、面狀式的改革規劃，故無法看到完整的本土教育課程改革圖像。

近年來教育部為鼓勵大學校院設置臺灣研究相關系所，投注許多教育資源和經費，卻也伴隨衍生許多問題須加以重視。例如國家財政日趨拮据，當前高等教育資源十分有限，在師資員額總量管制下，教育部將設置大學臺灣人文學門系所列為重點補助項目，容易引發教育資源搶奪與分配不合理的現象。在廣設系所後，一則可能發生課程規劃過於理想的問題，二則由於國內相關領域的人才尚屬有限，如此一來易造成校際間師資「互挖牆角」的情形，同時也分散了研究範疇的人力，未來應尋繹有效的整合途徑。

教育部公布的教育施政主軸，雖確立臺灣主體性的課程改革方向，但似乎只提供相關理念的描述與架構設計，缺乏課程改革理論基礎的研究。要言之，理想的課程改革政策，在擬訂過程應依循民主程序，儘可能廣納各方意見和討論，尤其需要建立一項完整的改革架構和實施步驟，包括設置組織、訂定目標、理論探究、設計方案、執行計畫、發展策略、實施獎懲及評鑑回饋等。

三、本土教育課程改革重要議題方面

㈠本土教育課程改革的重要議題包括課程綱要修訂、教科書爭議、本土語言課程與教學爭議，爭議點多在「去中國化」、比例偏頗及意識型態等

當前本土教育課程改革重要議題中，曾引發重大社會輿論者有：高中歷史課程綱要修訂、國民中小學社會學習領域課程綱要修訂、「認識臺灣」教科書爭議、九年一貫社會領域教科書問題、中文拼音的爭議及本土語言教學問題等。深究其爭議點在於：是否有「去中國化」目的？是否有政治力干預？是否有特定政治立場？是否隱含個人或政黨意識型態？教材內容所占比例是否太高？

事實上，許多具爭議性的課程改革議題，若摒除政治意識型態，多屬一些該教而未教的「空無課程」，以學習臺灣史為例，除學習其歷史事實及知識外，更應幫助學生建立正確的史觀與歷史意識，培養獨立思考與判斷的能力。有些爭議像是「霧裡看花」或各說各話，例如教科書本土化不應圍繞在「去中國化」，而須致力於解決教材設計、內容選材及編審人員意識型態的問題。未來應提供輿論平臺，讓各種立場者均有發言機會，將爭議轉化成為共識，將課程改革焦點置於審慎規劃和行動落實上，關切如何幫助學生獲得成長並有效學習。

此外，必須體察臺灣文化原本即具有很高的包容性，此即海洋特質的文化特色，因此在進行本土化課程設計時不宜將眼光侷限於臺灣，而是以此做為出發點並延伸至全球。強調臺灣主體性課程，並非「只要臺灣，其餘都不要」，乃在珍視自己的文化資產，然後廣納各種文化元素，藉以豐富文化內涵、建立文化特色。故在修訂課程綱要或編輯教科書時，實不宜戴著「有色眼鏡」看待事物。最後值得一提的是，課程改革不宜躁進，應有長期的規劃並建立配套，尤應做好基礎研究的工作，例如教材內容比例偏頗及課程內容重複的問題，有必要做好教科書設計與研發工作，從教育學術專業和學習者的需求來進行分析，或許就能弭平不必要的爭議。

(二)學校推動課程本土化有「社會行動取向」與「社區總體營造融入」等課程發展模式，惟是否達成本土教育課程改革的目標，有待進一步省思與檢討

本書以三所國民小學為例，分別探討學校推動課程本土化時，如何運作「社會行動取向」及「社區總體營造融入」兩套課程發展模式。學校課程發展的重心在於幫助「主體」發聲，包括學生主體、社區主體及教師主體，增進學習者主動對社區付出關懷與認同，並建立自信心；幫助社區文化獲得重建的契機，建立出獨特的文化特色或在地產業品牌；同時也促使教師獲得專業成長，使教師成為社區的「熟客」而非「陌生人」。不過，學校課程發展工作誠屬不易，在課程發展初期容易招致家長和社區人士質疑，或是校內教師反彈。必須加強觀念溝通與宣導，邀請志同道合者擔任師資，並緊密結合社區資源做為因應。

另外，省思課程發展的問題有四：第一，若課程設計的意義與核心價值無法確立，容易成為「走馬看花」或「嘉年華式」的活動課程，學生雖然快樂走入社區學習，卻無益於成長；第二，課程內容仍多侷限於社區或生活的鄉土，未來應擴大並銜接整體臺灣、全球文化和國際議題；第三，學校應常設課程研究與發展的組織，並建立課程評鑑機制，促使課程發展得以不斷改進、前進；第四，學校行政人員與教師應培養本土意識，在實施課程本土化的發展過程，應時常省思和批判隱含在課程文本下的政治意識型態與社會壓迫的不公義現象，隨時將探究本土、認同本土的議題適時地融入教學。

四、本土教育課程改革的問題與影響因素方面

(一)本土教育課程改革當前面臨許多問題，應逐一加以針砭，並提出正確的改革方向和建議，也有待更多關心臺灣發展事務的人共同戮力完成

本書歸結當前臺灣本土教育課程改革面臨的問題有：第一，受到黨化教育等因素的影響，長期忽視本土教育，造成社會大眾的認知與價值觀

偏差；第二，學習者對本土的認同與關懷不足，對自己生活周遭的認識不夠；第三，缺乏完整、有系統化的本土教育政策規劃；第四，本土教育專家人才的培育不夠，具有教育專長者與各領域本土知識專長者應加強合作；第五，課程政策的執行必須透過課程轉化的過程，從理想課程、正式課程、運作課程、知覺課程到經驗課程，其間教師是否具有足夠的教學素養和能力，是否具有本土意識，是否能在課程實踐中行動和反思（林靜芬，2006：20），將是關鍵要素。

第六，教科書是最具體的教育內容，也是教師賴以教學，學生獲得知識的重要來源，尤其經常關係到學生價值觀的形塑。但檢討目前出現在教科書中有關課程本土化的知識內涵，不是缺乏就是隱含特定意識型態，相關的問題叢生；第七，有關臺灣研究各方面的參考資料仍缺乏系統性的整理和出版；第八，課程設計理論缺乏與教科書本土化程度不足，課程內容缺乏正確的臺灣意識觀與臺灣主體性，課程改革實施不連貫、不周詳且課程目標不明確，未來應致力尋繹出一套適合臺灣的本土教育實施與推廣的課程改革模式。

㈡本土教育課程改革的影響因素來自社會氣氛的轉變、民間團體的建言、執政黨的影響力、行政首長的理念、大學教育機構及學者專家的主張、民意代表的介入等

Cuban（1992）指出，課程改革經常受到許多外來因素影響，像是利益團體或社會運動團體，同時也受到學校代表、教師、家長及學生等內在因素影響，使得課程改革的決定常涉及權力、控制、結盟、交涉及妥協的運作過程，尤其政治力的介入及資源分配不合理等問題更是嚴重。國內的情形亦復如此，誠如甄曉蘭（2004：147）指出，解嚴後所帶來的課程變革，從新課程標準到九年一貫課程改革，中小學課程陸續增加鄉土教學、認識臺灣、母語教學等內容，在在充滿政治角力與妥協、利益競逐與分配的痕跡。

歸納當前本土教育課程改革主要的影響因素來源有六：第一，政治解嚴後帶來社會氣氛更趨開放、自由及多元；第二，來自民間自發性的教育

改革團體與社團組織向教育主管機構提出各項改革建言。另外，地方文史工作室的蓬勃發展，致力於社區關懷、人文探索、文物館藏與研究、社區總體營造、原住民族群工作及鄉土文化藝術等，也對課程改革產生若干影響作用；第三，執政黨的理念往往會成為制訂教育政策的方針或依據，惟須省思的是，本土教育非專屬於特定政黨的主張，不宜泛政治化或標籤化；第四，由於行政首長擁有決策權，其信念或主張常容易轉化為具體執行的課程改革政策；第五，有些大學教育機構或學者專家可能基於對本土教育的認同，主動參與課程改革的規劃與實施，但須避免偏頗的政治立場與意識型態過度干涉；第六，民意代表擁有質詢權，容易帶給施政者壓力而影響課程政策的決定。

綜言之，本土教育的課程目標，在於建構以臺灣為主體的教育內涵，課程改革必須營造優質的學習環境與多元價值的氛圍，藉以強化學生對本土認同、熱愛，並與全球、國際接軌。本土教育在許多國家被視為一項自然的教育內涵，在國內因為受到被殖民歷史經驗及政治力量等內外在因素影響，致使課程改革本土化與權力關係糾結不清。但教育畢竟是中立的，意識型態不應凌駕教育專業之上，應把握「回歸教育的本質」做為推動本土教育課程改革的指導原則，教導學生具有本土認同、建立生命共同體、發揚臺灣主體意識；讓學生成為學習的主體，感受到課程內容是貼近生活和本土文化的；願意發展多元文化族群和諧共處的積極態度，並肯定文化多樣性的優點與正向價值，具有健全的人格和心智（莊萬壽，2003：147，黃榮村，2005：159-161）。

貳 未來展望

一、回歸教育的本質

與其高唱「愛臺灣」，不若用心體會「臺灣好」，前者是口號，後者是實踐行動。本土教育課程改革的核心工作，在教導學生認識臺灣本土、建立主體性、加強本土認同及尊重多元族群文化。但期間涉入過多的政治

意識型態，使課程改革焦點置於「本土」，卻忽略「教育」本質；而「本土」與「本國」的關係又糾結不清，引發許多爭論，例如臺灣主權的問題如何解決？孫中山創建中華民國究應放在中國史，還是臺灣史？統獨議題放入課程內容是否合宜？臺灣人民認同的歷史、文化或國家到底為何？族群問題和省籍問題如何解決？上述問題實已非單純的教育問題，常令各級學校、教師、家長及學生身處十字路口，也讓社會大眾陷於嚴重的文化認同危機。

二、建構本土教育的完整圖像

當前必須重新思考臺灣本土教育的定義，積極建構完整的臺灣圖像，尋繹臺灣獨具的人文社會特色，並建立臺灣文化的主體性。這是一個建構的過程，而非尋找遺忘的記憶，長期以來被殖民下所罹患的傷痛與失憶，雖有必要喚醒人民的自覺和自主意識，改變社會不公不義的現象，但值得省思的是，其途徑無需訴諸過度悲情或激進方式。誠如後殖民論述觀指出，曾經失憶或失去的，即使再尋回也無法返回原貌，因為那已是重新建構的過程，因為歷史將不斷向前行。

臺灣是我們土生土長並賴以生活、生存、生計及生長的地方，實禁不起一再撕裂、對立和衝突，「家和萬事興」是所有人民的心聲，期盼建立一個具有多元性、包容性、沒有壓迫的社會，而這艱鉅的工作必須從教育領域做起，尤其從學校最基礎的課程改革做起。學校課程領導者應秉持中立、避免意識型態，鼓勵教師教導學生認識各族群文化與本土價值，進而建立自信心，尋回臺灣主體性認同及命運共存的臺灣本土意識。

三、重視課程多元性，符合學生需求性

根據教育部施政主軸的規劃，未來將針對中小學課程納入臺灣生活時空環境素材，加強臺灣海洋文化與特色的課程與教學，以健全並深化臺灣主體的國民教育（教育部，2004b：6）。由此足見，推動本土教育已是既

定的教育改革政策，而課程改革是教育的核心工作，因此實施本土化課程改革時必須強調課程多元性，並符合學生需求性。此乃因為臺灣是一個多元族群文化的社會，包含許多弱勢邊緣團體與新移民等，其邊緣知識（border knowledge）自有其價值性。故課程改革應關切本土各族群文化的差異，並分析背後的權力運作，避免社會壓迫或不公不義。課程內容應儘量提供學生接觸各種文化的機會，培養學習者具有多元文化胸襟，加強其對於本土文化產生認同及情感歸屬。

四、確立課程主體性，落實改革草根性

學校實施本土化課程發展的基本原理，是從社區與學生生活經驗做為起點，由近而遠、由具體而抽象進行課程設計，故適合運用「草根式」的課程改革模式，在課程發展歷程一方面強調民主參與、民主決策及「由下而上」的實施途徑，另一方面也重視課程的主體性，尤須著重教師專業發展，增進教師「賦權增能」（empowerment），具有充分參與和決定課程發展的權力與責任，並願意主動探究課程問題及尋求解決方案，因為課程改革成功的關鍵繫於教師心態是否轉變，是否具有本土意識。期盼學校和教師能主動參與課程改革，發展課程改革的本土模式，以培養學生具有本土意識、本土知識、本土認同、本土素養及本土實踐行動做為課程目標，然後擴大去接軌全球，培養學生同時具有全球意識和國際觀。

五、教科書改革本土化

教導學生認識臺灣、認同本土，絕非只依賴《認識臺灣》教科書，或在課堂上教幾節課就能達成目標。從教科書改革來看，目前顯見的問題在於「去中國化」爭議，以及忽略社會深層結構導致意識型態介入，使教科書在編審過程成為政治妥協與利益競逐的場域，卻未能深入思考課程設計、課程架構和課程統整等問題，包括如何將本土教育的理念與內涵融入課程，課程設計是否依循「由近而遠，再回到近」的原則，課程比例的問

題是否合理，以及是否有空無課程的現象。上述問題亟待國立編譯館、教科書出版業者及學校教師等，共同省思並尋求調適解決。

六、擴大改革的多元參與和共識

鑑於推動本土教育課程改革過程出現許多爭議，其重點大多在於質疑「去中國化」之目的，或是否隱含政治意識型態。面對這些爭議，教育主管機構應致力尋求解決途徑，引導課程改革走向坦途。因此，課程決策權力運作過程應廣納各種不同立場者的意見，以減少過度的政治意識型態介入。

七、規劃系統化本土教育課程改革體系

臺灣長期以來受到外來殖民、西化、高壓統治、族群、省籍、語言、風俗及習慣等內外在因素的影響，使臺灣人民在尋求身分認同時，易產生模糊、徬徨的感受。為解決此一問題，當前教育主管機構應調整並規劃系統化的本土教育課程體系，發展本土教育課程改革模式，並擬訂各項具體的行動策略或措施，包括課程綱要修訂、中小學課程革新、專業師資培育、理論基礎研究、教科書本土化改革、落實原住民教育及關切新移民教育問題等。此外，也要針對課程改革的實施成效持續地追蹤、評鑑、檢討及回饋，建立永續發展的本土教育課程改革機制。

問題與討論

一、近十餘年來，認同臺灣、臺灣優先、以臺灣為主體的教育目標已逐漸成為社會共識。試闡述本土教育的意涵為何？為何要推動本土教育課程改革？

二、九年一貫課程改革明訂「促進文化學習與國際瞭解」做為課程目標，除實施本土語言教學，也將英語教學正式納入課程綱要。試闡述「本土化」與「全球化」在教育領域上是否為兩個相對立的概念？試析論其關聯性？

三、不同國家受到歷史、文化、社會及時代變遷等背景和發展差異的影響，所推動的本土教育內涵亦多所不同。試比較分析美國、澳洲、第三世界國家及臺灣推動本土教育的緣起與內涵有何不同？

四、1980年代臺灣意識逐漸抬頭，呼籲進行本土教育改革之聲不絕於耳。試舉例說明，近十餘年來教育部與地方政府致力推動本土教育改革有哪些具體作為？

五、何謂「臺灣主體性」？臺灣的教育主體為何？推動本土教育為何要強調臺灣主體性？

六、「後殖民主義」（postcolonialism）是一個至20世紀晚期才被學術界廣泛使用的術語。試簡述其理論內涵要義？並闡述其對課程改革的影響或啟示為何？

七、社會重建主義（social reconstructionism）學者G. S. Counts在1932年的進步主義教育學會年會中發表＜學校敢於建立一個新的社會秩序嗎？＞一文，主張學校應成為社會變遷的推手與社會改革的機構。試簡述社會重建主義重要的教育內涵，及其與課程改革的關聯性？

八、試闡述學校課程發展與設計如何結合本土教育課程改革的理念？

九、請嘗試以本土語言為範疇，自行規劃一項主題式教學活動設計，內容必須選擇貼近學生生活經驗的題材，強調其真實生活中的實踐能力，培養學生對本土語言聽、說、讀的基本能力，並引發學習的興趣。

十、當前國內推動本土教育課程改革面臨哪些問題？應如何解決？

參 考 文 獻

一、中文部分

于國華（2002）。「社區總體營造」理念的探討：全球化趨勢下的一種地方文化運動。國立臺北藝術大學傳統藝術研究所碩士論文，未出版，臺北市。

文化總會（無日期）。中華民國文化復興運動總會簡介。取自2005年9月20日，http://www.ncatw.org.tw/home.php

文建會（無日期a）。社區總體營造的軌跡，取自2005年6月19日，http://www.cca.gov.tw/news/news79/index.htm

文建會（無日期b）。行政院文化建設委員會輔導直轄市及縣市政府推動社區總體營造社區文化再造計畫實施要點。取自2005年6月19日，http://www.cca.gov.tw/news/news66/plan-1.htm

方永泉（2000）。後殖民主義與比較教育研究。載於中華民國比較教育學會（主編），邁向新世紀：比較教育理論與實際（頁35-75）。臺北市：臺灣書局。

方德隆（譯）（2004）。A. C. Ornstein & F. P. Hunkins著。課程基礎理論（4版）。臺北市：高等教育。

王志弘等（譯）（1999）。E. W. Said著。東方主義。臺北市：立緒。

王秀雲（1998）。社區總體營造與學校教育。載於財團法人柑園文教基金會舉辦之「在地文化、社區之華-86年全國在地文化社團社區總體營造工作」研討會記實會議手冊（頁113-119）。臺北市：文建會。

王前龍（2001）。國小道德實驗課程「愛國」德目教材中國家認同內涵之分析。國立臺灣師範大學教育系博士論文，未出版，臺北市。

王振輝（2008，5月）。本土知識與內在發展。發表於靜宜大學人文社會學院舉辦之「第九屆現代思潮全國學術研討會」，臺中縣。

王嘯（2004）。全球化—本土化視域中的中國大陸教育。**教育研究（大陸版）**，6，44-54。

王麗雲（2002）。中文拼音政策的爭議與課程政治取向的反省。**教育研究集刊**，48(1)，95-131。

北市國中沒母語課，議員痛批（2005，10月19日）。**自由時報**，A7版。

未說高中歷史課綱不排除投票表決（2004，11月14日）。**中央社**，取自2005年5月10日，http://tw.news.yahoo.com

石中英（2004）。**本土知識與內在發展**。取自2009年1月20日，www.pep.com.cn/xgjy/jyyj/jykx/fzxk/jyjbyl/200407/t20040705_98724.htm

朱瑞玲（1994）。臺灣心理學研究之本土化的回顧與展望。載於楊國樞（主編），**本土心理學的開展**（頁89-119）。臺北市：臺灣大學心理學系本土心理學研究室。

朱臺翔（1995）。教育本土化。北縣教育，7，33-35。

江宜樺（1998）。**自由主義、民族主義與國家認同**。臺北市：揚智。

江雪齡（1996）。**邁向21世紀的多元文化教育**。臺北市：師大書苑。

江雪齡（2000）。**多元文化教育**。臺北市：師大書苑。

何清欽（1980）。**光復初期之臺灣教育**。高雄市：復文。

余安邦等（2002）。**社區有教室—學校課程與社區總體營造的遭逢與對話**。臺北市：遠流。

余墨荔（1997）。加拿大魁北克與歷史教學—回應「認識臺灣」座談會。**當代**，123，139-143。

吳文星（2000）。「認識臺灣（歷史篇）」對日本殖民統治時期社會變遷之編纂。人文及社會學科教學通訊，10(5)，35-43。

吳明清（1997）。發展本土化教育特色的概念架構。北縣教育，17，58-62。

吳俊憲（2005）。鄉土乎？本土乎？全球乎？—理解臺灣本土教育的意涵。**教育學誌**，18，93-122。

吳俊憲（2007，11月）。本土教育議題如何融入國民中小學課程：一個初步的構想。論文發表於國家教育研究院籌備處舉辦之「**批判與超越—華人社會的課程改革學術研討會**」，臺北縣。

吳俊憲（2008）。本土教育議題融入中小學課程的理念與作法：兼記一段本土
　　教育課程綱要草案起草始末。載於銘傳大學師資培育中心暨教育研究所
　　（主編），**認識新興重要教育議題專刊**（頁134-252）。臺北市：銘傳大
　　學。

吳俊憲、宋明娟、吳錦惠（2007）。社會領域教科書編輯的現況與問題：從一
　　位國小社會領域編輯者的經驗談起。載於中華民國課程與教學學會（主
　　編），**教科書制度與影響**（頁191-214）。臺北市：五南。

吳密察（1997）。歷史教育與鄉土史教育：一個提供討論的意見。**當代，**
　　120，32-37。

吳清山（1993）。教育研究本土化的取向。**教育研究雙月刊，31，**15-21。

吳錦惠（2005）。社會價值重建課程不可忽視的一環：從臺灣「新住民」談
　　起。載於中華民國課程與教學學會（主編），**社會價值重建的課程與教學**
　　（頁123-150）。高雄市：復文。

吳錦惠、吳俊憲（2005）。「新臺灣之子」的教育需求與課程調適之研究。**課**
　　程與教學季刊，8（2），53-72。

宋國誠（2003）。**後殖民論述：從法農到薩依德**。臺北市：擎松。

李文儀（2007）。**本土教育，將列國中小課綱議題**。取自2008年8月2日，
　　http://www.libertytimes.com.tw/2007/new/oct/5/today-life8.htm

李永熾等（2004）。**臺灣主體性的建構**。臺北市：群策會。

李英明（2003）。**全球化下的後殖民省思**。臺北市：生智。

李苹綺（譯）（1998）。J. A. Banks著。**多元文化教育**。臺北市：心理。

李涵鈺、陳麗華（2005，5月）。社會重建主義及其對課程研究的影響初探。
　　論文發表於中華民國課程與教學學會舉辦之「**第十二屆課程與教學論壇—**
　　社會重建課程的理念與實踐：覺醒、增能與行動」國際學術研討會，臺北
　　市。

李登輝（1999）。**臺灣的主張**。臺北市：遠流。

李登輝（2005）。**新時代臺灣人**。臺北市：群策會。

李雅婷（2005）。社會轉化與美感創造—探析社會重建論的課程關懷。**課程**
　　與教學季刊，8（2），41-52。

李園會（1984）。**臺灣光復時期與政府遷臺初期教育政策之研究**。高雄市：復文。

李筱峰（2002）。**快讀臺灣史**。臺北市：玉山社。

李翠瑩（2004）。邁向族群平等的公民社會。**文化視窗月刊**，69，22-27。

李鍌（1995）。**國民中小學臺灣鄉土語言輔助教材大綱專案研究報告**。教育部教育研究委員會委託專題計畫研究，未出版。

杜正勝（1998）。**臺灣心、臺灣魂**。高雄市：河畔。

林天祐（2004）。**教育政治學**。臺北市：心理。

林志鴻、呂建德（2001）。全球化與社會福利。載於顧忠華（主編），**第二現代─風險社會的出路**（頁193-242）。臺北市：巨流。

林振豐（2002）。**社區總體營造在社區主義形成過程中的瓶頸與願景：以苗栗縣社區為觀察焦點**。東海大學公共事務碩士學程在職進修專班碩士論文，未出版，臺中市。

林慈淑（2001）。「學歷史」與「歷史學」之間-九年一貫「人與時間」領域規劃的商榷。**東吳歷史學報**，7，139-172。

林瑞榮（1997）。**國民小學鄉土教育的理論與實踐**。臺北市：師大書苑。

林靜芬（2006）。**國小教師本土意識課程實踐之個案研究**。國立臺北教育大學課程與教學研究所碩士論文，未出版，臺北市。

林耀盛（1997）。社會心理學本土化：反殖民主義與後現代論述之間。載於楊國樞（主編），**本土心理學方法論**（頁285-310）。臺北市：臺灣大學心理系本土心理研究室。

林蘭芳（2003）。**解嚴後國中音樂教材本土化的探討**。東吳大學音樂研究所碩士論文，未出版，臺北市。

邱貴芬（1995a）。「發現臺灣」：建構臺灣後殖民論述。載於張京媛（主編），**後殖民理論與文化認同**（頁169-191）。臺北市：麥田。

邱貴芬（1995b）。是後殖民，不是後現代：再談臺灣身分／認同政治。**中外文學**，23（11），29-46。

邱貴芬（1997）。**仲介臺灣‧女人**。臺北市：遠流。

侯元鈞（2004，12月）。黃皮膚白面具：西方課程學術移植的後殖民反思。載

於國立臺北師範學院課程與教學研究所舉辦之「**課程研究與教師**」研討會論文集（頁104-117），臺北市。

姚榮松（2005a）。**我國國內大學臺灣人文學門系所之現況與展望**。教育部委託專案總結報告。臺北市：國立臺灣師範大學臺灣文化及語言文學研究所。

姚榮松（2005b，1月）。我國大學臺灣人文學門四類系所現況分析。載於國立臺灣師範大學臺灣文化及語言文學研究所舉辦之「**大學臺灣人文學門系所之現況與展望研討會**」論文集（頁15-30），臺北市。

施正鋒（1999）。臺灣意識的探索。載於夏潮出版社（主編），**中國意識與臺灣意識：1999澳門學術研討會論文集**（頁58-97）。臺北市：海峽學術。

洪雯柔（2002）。**全球化與本土化辯證中的比較教育研究**。國立國際暨南大學比較教育研究所博士論文，未出版，南投縣。

洪雯柔（2003，11月）。全球化與本土化辯證下知識全球本土化運動及其對本土教育的啟發。載於臺北市立師範學院舉辦之「**本土教育**」研討會論文集（上冊）（頁221-246），臺北市。

胡育仁（2000）。**國小社會科教科書本土化之分析研究**。國立臺北師範學院課程與教學研究所碩士論文，未出版，臺北市。

夏征農（主編）（1992）。**辭海**。臺北市：東華。

夏黎明（1988）。鄉土定義分析。**臺東師院學報**，1，283-299。

夏黎明（1995）。鄉土的結構、內容與教育意涵。載於黃政傑、李隆盛（主編），**鄉土教育**（頁3-9）。臺北市：漢文。

徐宗林（1992）。重建主義的教育哲學家布萊彌德。載於劉焜輝（主編），人**類航路的燈塔**（頁38-52）。臺北市：正中。

徐照華（2005，1月）。大學臺灣文學系所的現況與未來。載於國立臺灣師範大學臺灣文化及語言文學研究所舉辦之「**大學臺灣人文學門系所之現況與展望**」研討會論文集（頁47-56），臺北市。

桃園縣政府（無日期）。**文史工作室簡介**。取自2005年10月15日，http://www.tycg.gov.tw/cgi-bin/SM_theme?page=3e9a55c3

耿志華（1995）。臺灣教育本土化的回顧與前瞻。**北縣教育**，7，30-32。

馬寶蓮（1997）。現階段國小語文教育政策之省思。載於吳森田（主編），**臺灣永續發展研討會論文集**（頁176-222）。臺北市：國立中興大學法商學院。

高中歷史課綱，爭議和約刪了（2004，11月30日）。**自由新聞網**，取自2005年5月10日，http://www.libertytimes.com.tw/2004/new/nov/30/today-life7.htm

國立臺灣師範大學人文教育研究中心（1998）。**臺灣人文年刊**，2，287-325。

張四德（2001）。**移民、自由與美國的本質：韓德林史學思想的研究**。臺北市：稻鄉。

張京媛（1995a）。彼與此：愛德華‧薩依德的《東方主義》。載於張京媛（主編），**後殖民理論與文化認同**（頁33-49）。臺北市：麥田。

張京媛（1995b）。前言。載於張京媛（主編），**後殖民理論與文化認同**（頁9-32）。臺北市：麥田。

張炎憲（無日期）。**談國家歷史與地方文史工作的關係臺灣歷史發展的特色**。取自2005年10月15日，http://www.twcenter.org.tw/a05/a05_01_06.htm

張則周（1995）。「識土」才能「惜土」：兼論中小學教科書的編寫及教學。**北縣教育**，7，22-25。

張建成（2000）。臺灣地區的鄉土教育。載於張建成（主編），**多元文化教育：我們的課題與別人的經驗**（頁63-102）。臺北市：師大書苑。

張素貞（1997）。落實鄉土教育，實現教育本土化的理想。**北縣教育**，17，63-64。

張嘉育（1999）。**學校本位課程發展**。臺北市：師大書苑。

張嘉育（2002）。**學校本位課程改革**。臺北市：冠學。

張濬哲（2005）。九○年代臺灣教育政策與法令變遷對國民小學教育發展之影響。取自2005年6月10日，http://www.twles. tpc. edu. tw/~f3504/p5. htm/2005/4/23

教育部（1974）。**第四次中華民國教育年鑑**。臺北市：正中。

教育部（1993）。**國民小學課程標準**。臺北市：編者。

教育部（1994）。**國民中學課程標準**。臺北市：編者。

教育部（2003）。**國民中小學九年一貫課程綱要**。臺北市：編者。

教育部（2004a）。**國民中小學九年一貫課程正式綱要**。臺北市：編者。

教育部（2004b）。**2005-2008教育施政主軸**。臺北市：編者。

教育部（2005）。**我國大學臺灣人文學門系所現況調查彙編**。臺北市：編者。

梁實秋（主編）（1985）。**遠東英漢大辭典**。臺北市：遠東。

莊坤良（2001）。迎／拒全球化。中外文學，30(4)，8-23。

莊萬壽（2003）。**臺灣文化論：主體性之建構**。臺北市：玉山社。

莊萬壽（2005，1月）。臺灣人文學門系所發展的理念與策略。載於國立臺灣
　　師範大學臺灣文化及語言文學研究所舉辦之「**大學臺灣人文學門系所之現
　　況與展望研討會」論文集**（頁5-14），臺北市。

郭至和（2004，10月）。全球化發展對九年一貫課程社會領域之啟示：以
　　Roland Roberston全球場域模式為例。論文發表於國立屏東師範學院舉辦
　　之「**93學年度師範校院教育學術論文發表會**」，屏東市。

郭炤烈（1999）。臺灣意識的歷史軌跡。載於夏潮出版社（主編），**中國意識
　　與臺灣意識：1999澳門學術研討會論文集**（頁33-57）。臺北市：海峽學
　　術出版社。

陳其南（1998）。學習型組織的經營藝術與實務。載於財團法人柑園文教基金
　　會（主編），**在地文化、社區之華：86年全國在地文化社團社區總體營造
　　工作研討會記實**（頁24-33）。臺北市：編者。

陳枝烈（1999）。**多元文化教育**。高雄市：復文。

陳芳明（1998）。**殖民地臺灣：左翼運動史論**。臺北市：麥田。

陳芳明（2002）。**後殖民臺灣：文學史論及其周邊**。臺北市：麥田。

陳昭瑛（1998）。**臺灣文學與本土化運動**。臺北市：正中。

陳映真（1988）。向著更寬廣的歷史視野擴大。載於施敏輝（主編），**臺灣意
　　識論戰選輯**（頁31-37）。臺北市：前衛。

陳素秋（2005）。多元文化主義。載於洪泉湖（主編），**臺灣的多元文化**（頁
　　1-15）。臺北市：五南。

陳銘凱（2005）。**文學教育的臺灣本土化－析論當前高中國文教材中臺文作品
　　的編選及臺灣文學師資的培育**。國立臺灣師範大學教育系碩士論文，未出
　　版，臺北市。

陳隆志（1993）。**臺灣的獨立與建國**。臺北市：月旦。

陳麗華（2003）。「國民中小學九年一貫課程暫行綱要：社會學習領域」中「人與時間」軸修訂始末。**人文及社會學科教學通訊**，13（6），87-95。

陳麗華（2005）。課程本土化與全球化的辯證：以社會重建主義課程的實踐為例。載於中華民國課程與教學學會（主編），**社會價值重建的課程與教學**（頁151-174）。高雄市：復文。

陳麗華、王鳳敏、彭增龍（2004）。社會行動取向課程設計的理念與實踐：以「風華再現洲子灣」課程為例。**臺北市立師範學院學報**，35（1），75-100。

陳麗華、彭增龍、張益仁（2004）。**課程發展與設計—社會行動取向**。臺北市：五南。

陳麗華等（2003a）。**九年一貫社會學習領域課程本土化之研究**。國立編譯館委託專案研究報告，臺北市：臺北市立教育大學。

陳麗華等（2003b，11月）。九年一貫課程七年級社會課程本土化之質與量分析。載於臺北市立師範學院舉辦之**「本土教育」研討會論文集**（上冊）（頁59-124），臺北市。

陶東風（2000）。**後殖民主義**。臺北市：揚智。

單文經（2004，11月）。Rugg及Bruner社會領域課程改革史實的啟示。載於國立屏東師範學院教育系舉辦之**「邊陲與發聲：課程與教學的文化政治與社會正義」學術研討會論文集**（頁245-268），臺北市。

單文經等（1997）。**大學院校人文社會科學教育第二期（86至89會計年度）改進計畫——教育組「課程與教學」學門專題研究計畫：國民教育階段推展鄉土教育的檢討與規劃研究成果報告**。教育部顧問室委託專題計畫研究。臺北市：國立臺灣師範大學教育學系。

彭淮棟（譯）（2004）。Bart Moor-Gilbert著。**後殖民理論**。臺北市：聯經。

彭鴻源（2002）。**國小教師本土化概念及其運作課程之研究**。國立臺北師範學院課程與教學研究所碩士論文，未出版，臺北市。

曾健民（1999）。臺灣意識辯析。載於夏潮出版社（主編），**中國意識與臺灣意識：1999澳門學術研討會論文集**（頁646-667）。臺北市：海峽學術出

版社。

曾萍萍（2000）。**陳映眞小說與後殖民論述**。國立彰化師範大學國文教育研究
　　所碩士論文，未出版，彰化市。

曾萍萍（2003）。**噤啞的他者：陳映眞小說與後殖民論述**。臺北市：萬卷樓。

游勝冠（1996）。**臺灣文學本土論的興起與發展**。臺北市：前衛。

湯志民（1995a）。學校建築的本土教育環境規畫。**初等教育學刊，4，27-61**。

湯志民（1995b）。本土教育的學校環境規畫。**教育研究雙月刊，46，20-34**。

黃玉冠（1994）。**鄉土教材發展與實施之分析研究：以宜蘭縣爲例**。國立臺灣
　　師範大學教育研究所碩士論文，未出版，臺北市。

黃光國（1987）。**臺灣意識與中國意識**。臺北市：桂冠。

黃光雄、楊龍立（2000）。**課程設計：理念與實做**。臺北市：師大書苑。

黃光雄、蔡清田（1999）。**課程設計：理論與實際**。臺北市：五南。

黃秀政（1996）。國民中學「認識臺灣（歷史篇）」科的課程研訂與教材編
　　寫。**國立編譯館通訊，9（2），11-16**。

黃俊傑（1999）。論「臺灣意識」的發展及其特質：歷史回顧與未來展望。載
　　於夏潮出版社（主編），**中國意識與臺灣意識：1999澳門學術研討會論文
　　集**（頁1-32）。臺北市：海峽學術。

黃宣範（1993）。**語言、社會與族群意識**。臺北市：文鶴。

黃政傑（1981）。**課程設計**。臺北市：東華。

黃政傑（1985）。**課程改革**。臺北市：漢文。

黃政傑（1994）。躍登課程改革的政治舞臺。載於中國教育學會（主編），**教
　　育改革**（頁125-164）。臺北市：師大書苑。

黃政傑（1995）。教育本土化的理念。**北縣教育，7，26-29**。

黃政傑（1999）。**課程改革**（三版）。臺北市：漢文。

黃政傑（2005）。**課程改革新論：教育現場虛實探究**。臺北市：冠學。

黃政傑、李隆盛（主編）（1995）。**鄉土教育**。臺北市：漢文。

黃純敏（2000）。從多元文化主義論臺灣的語言教育。載於張建成（主編），
　　多元文化教育：我們的課題與別人的經驗（頁43-61）。臺北市：師大書
　　苑。

黃富順（2003）。全球化與成人教育。**成人教育**，71，2-12。

黃敬忠（2006）。Roland Robertson的「全球在地化」及其對本土課程研究的**蘊義**。國立臺北教育大學課程與教學研究所碩士論文，未出版，臺北市。

黃榮村（2005）。**在槍聲中且歌且走：教育的格局與遠見**。臺北市：天下文化。

楊中芳（1994）。試論如何深化本土心理學研究：兼評現階段之研究成果。載於楊國樞主編，**本土心理學的開展**（頁6-88）。臺北市：臺灣大學心理學系本土心理學研究室。

楊國樞（1997）。心理學研究的本土契合性及其相關問題，載於楊國樞（主編），**本土心理學的開展**（頁75-120）。臺北市：臺灣大學心理學系本土心理學研究室。

楊國樞（1999）。社會科學研究的本土化與國際化。載於楊深坑（主編），**教育科學的國際化與本土化**（頁5-28）。臺北市：揚智。

當代雜誌社（1997）。認識臺灣座談歷史教育。**當代**，**120**，52-67。

萬冰（譯）（2005）。F. Fanon著。**黑皮膚，白面具**。南京：譯林。

群策會（2003）。**從T到T+：臺灣21世紀國家總目標**（特別版）。臺北市：玉山社。

葉啟政（1994）。學術研究本土化的「本土化」。載於楊國樞（主編），**本土心理學的開展**（頁184-192）。臺北市：臺灣大學心理學系本土心理學研究室。

葉啟政（2001）。**社會學和本土化**。臺北市：巨流。

詹茜如（1993）。**日據時期臺灣的鄉土教育運動**。國立臺灣師範大學歷史研究所碩士論文，未出版，臺北市。

廖仁義（1988）。臺灣哲學的歷史構造。**當代**，**28**，25-26。

廖炳惠（1998）。**回顧現代：後現代與後殖民論文集**。臺北市：麥田。

廖炳惠（2000）。臺灣：後現代或後殖民？載於周英雄、劉紀蕙（主編），**書寫臺灣：文學史、後殖民與後現代**（頁85-99）。臺北市：麥田。

甄曉蘭（2004）。**課程理論與實務：解構與重建**。臺北市：高等教育。

臺北市立師範學院（2003，11月）。**本土教育研討會論文集**。臺北：編者。

臺北市立師範學院（2005）。「第十二屆課程與教學論壇：社會重建課程的理念與實踐：覺醒、增能與行動」國際學術研討會計畫書。臺北：編者。

劉自荃（譯）（1998）。B. Ashcroft, G. Griffiths, & H. Tiffin著。逆寫帝國：後殖民文學的理論與實踐。臺北市：駱駝。

劉惠玲（2004）。政黨與教育。載於林天祐（主編），教育政治學（頁111-134）。臺北市：心理。

劉曜源、李雅琳（2005）。社區總體營造與學校本位課程發展之研究。論文發表於中華民國課程與教學學會舉辦之「第十二屆課程與教學論壇－社會重建課程的理念與實踐：覺醒、增能與行動」國際學術研討會，臺北市。

劉鎮寧（2004，10月）。全球化與教師專業成長－從如何學習的角色思考。論文發表於國立屏東師範學院舉辦之「93學年度師範校院教育」學術論文發表會，屏東市。

歐用生（1995a）。鄉土教育的理念與設計。載於黃政傑、李隆盛（主編），鄉土教育（頁10-22）。臺北市：漢文。

歐用生（1995b）。國民中小學鄉土輔助教材大綱專案研究報告。教育部教育研究委員會委託專題計畫研究，未出版。

歐用生（2003）。課程典範的再建構。高雄市：復文。

蔣玉嬋（2001）。學習型組織理論應用於社區總體營造之研究：以大溪和平老街為例。政治大學行政管理碩士學程班碩士論文，未出版，臺北市。

蔡源林（2003）。薩依德的後殖民論述與伊斯蘭。載於黃瑞琪（主編），後學新論（頁291-335）。臺北縣：左岸。

蔡源林（譯）（2001）。E. W. Said著。文化與帝國主義。臺北市：立緒。

蔡篤堅（2005，3月）。由集體認知呈現到倡議臺灣主體地位的公共領域轉型：1960年代以來臺灣現代性的緣起與轉變。載於國立臺灣師範大學臺灣文化及語言文學研究所暨長榮大學臺灣研究所舉辦之「第四屆臺灣文化國際學術研討會：臺灣思想與臺灣主體性：建構臺灣思想、推動主體價值」論文集（頁13-38），臺北市。

鄭正煜等（2002）。建構臺灣主體性的教育。載於群策會（主編），邁向正常國家：群策會國政研討會論文集（頁353-391）。臺北市：群策會。

鄧運林（1995）。臺北縣教育本土化的現況與展望。**北縣教育**，7，7-11。

歷史綱要抓教界大風暴一全教會：思想改造，教長：史實教學（2004，11月11日）。**蘋果日報**，A2版。

戴正德（2004）。**非常臺灣：臺灣人的意識與認同**。臺北市：望春風。

鍾喜亭（1995）。鄉土教材的設計。載於黃政傑、李隆盛（主編），**鄉土教育**（頁27-35）。臺北市：漢文。

簡成熙（2000）。多元文化教育的論辯、爭議與實踐：從自由主義與社群主義論起。載於但昭偉、蘇永明（主編），**文化、多元文化與教育**（頁81-132）。臺北市：五南。

簡成熙（2002）。本土教育理論之建構：教育哲學工作者的反省。**教育科學期刊**，2(2)，36-61。

藍燈文化（主編）（1987）。**中文辭源**（修訂再版）。臺北市：編者。

顏佩如（2004）。**課程圖像重建：學校全球教育課程發展之研究**。國立臺灣師範大學教育系博士論文，未出版，臺北市。

鵝湖月刊社（1998a）。「認識臺灣」教科書問題評議座談會記錄（上）。**鵝湖月刊**，23（7），44-56。

鵝湖月刊社（1998b）。「認識臺灣」教科書問題評議座談會記錄（下）。**鵝湖月刊**，23（8），49-55。

譚光鼎（2000）。國家霸權與政治社會化之探討：以「認識臺灣」課程為例。**教育研究集刊**，45，113-137。

龔鵬程（1999）。中國傳統的「社」、「會」觀。載於南華大學舉辦之「1999社區美學」研討會論文集（頁3-34）。取自2005年6月19日，http://www.cca.gov.tw/news/news77/index1.htm。

二、英文部分

Abrokwaa, C. K. (1999). Indigenous music education in Africa. In L. M. Semali & J. L. Kincheloe(Eds.), *Indigenous knowledge* (pp.191-207). N. Y.: Falmer.

Arends, R. I. (2004). *Learning to teaching* (6th ed.). Boston: The McGraw-Hill.

Bakken, L., & Dermon S. L. (1996). Developing anti-bias identities: Early childhood, adolescence, and young adulthood. *Multicultural Education, 4* (2), 20-22.

Banks, J. A. (1996). Transformative knowledge, curriculum reform, and action. In J. A. Banks（Ed.）, *Multicultural education, transformative knowledge, and action：Historical and contemporary perspectives*（pp.335-348）. N. Y.: Teachers College.

Banks, J. A., & Banks C. M. A. (Eds.). (1993). *Multicultural education: Issues and perspectives*. Boston: Allyn & Bacon.

Brameld, T. (1956). *Toward a reconstructed philosophy of education*. N. Y.: Dryden.

Bussler, D. (1997). Some basis tenets of educational reconstruction. In D. Bussler et, al. (Eds.), *Introducing educational reconstruction: The philosophy and practice of transforming society through education* (pp.49-120). San Francisco, CA: Caddo Gap.

Carbone, P. F. & Wilson, V. S. (1995). Harold Rugg's social reconstructionism. In M. E. James (Ed.), *Social reconstruction through education*(pp.57-88). N. J.: Ablex.

Chubb, J. E., & Moe, T. M. (1998). *Politics, markets, and America's schools*. Washington, D.C. : Brookings Institution.

Collnick, D., & Chinn, P. (1990). *Multicultural education in a pluralistic society*. N. Y.: Merrill.

Counts, G. S. (1978). *Dare the School Build a New Social Order?* Carbondale, IL: Southern Illinois University.

Cuban, L. (1992). Curriculum stability and change. In P. W. Jackson (Ed.), *Handbook of research on curriculum* (pp.216-246). N. Y.: Macmillan.

Faith, M. (2003). *Integrating cultural values into the curriculum for Kenyan schools*. N. Y.: State University of New York. (ERIC Document Reproduction Service No.ED 477 141)

Forrest, S. (2000). *Indigenous knowledge and its representation within Western Australia new curriculum framework*. Retrieved November 23, 2004, from http://www.ecu.edu.au/csess/kk/aeic.

參考文獻

181

Freire, P. (1985). *The politics of education: Culture, power, and liberation*. South Hadley, Mass: Bergin & Garvey.

Freire, P. (1993). *Pedagogy of city*. N. Y.: Continuum.

Freire, P. (1997). *Education for critical consciousness*. N. Y.: Continuum.

Gay, G. (2000). *Culturally responsive teaching: Theory, research, and practice*, N. Y.: Teachers College.

Gibson, N. C. (2003). *Fanon: The postcolonial imagination*. Cambridge: Polity.

Landry, D. & MacLean, G. (Eds.). (1996). *The Spivak Reader: Selected works of Gayatri Chakravorty Spivak*. N. Y.: Routledge.

Law W. W. (2002). Education reform in Taiwan: a search for a 'national' identity through democratisation and Taiwanisation. *Compare, 32*, 61-81.

Lin, C.C. (2003). Political indoctrination in the curriculum during four periods of elementary school education in Taiwan. *The Social Studies*(May/June), 134-138.

McCarty, T. L. (2003). Revitalising indigenous languages in Homogenising Times. *Comparative Education, 39* (2), 147-164.

Mosha, R. S. (1999). The inseparable link between intellectual and spiritual formation in indigenous knowledge and education: A case study in Tanzania. In L. M. Semali & J. L. Kincheloe(Eds.), *Indigenous knowledge* (pp. 209-225). N. Y.: Falmer.

Mule, L. (1999). Indigenous language in the school curriculum: What happened to Kiswahili in Kenya? In L. M. Semali & J. L. Kincheloe (Eds.), *Indigenous knowledge* (pp.191-207). N. Y.: Falmer.

Ninnes, P. (2000). Representations of indigenous knowledges in second school science textbooks in Australia and Canada. *International of Journal Science Education, 22*(6), 603-617.

Oliva, P. F. (2001). *Developing the curriculum* (5th ed.). N. Y.: Longman.

Print, M. (1988). *Curriculum development and design* (2nd ed.). Australia: Allen & Unwin.

Robertson, R. (1992). *Globalization: Social theory and global culture*. London:

SAGE.

Rugg et, al. (1969). *The foundations and technique of curriculum-construction, part* Ⅰ. *Curriculum-making: Past and present. The Twenty-Sixth Yearbook of The National Society for the Study of Education.* N. Y.: Arno Press & The New York Times.

Said, E. W. (1994a). *Orientalism.* N. Y.: Vintang.

Said, E. W. (1994b). *Culture and imperialism.* N. Y.: Vintage.

Sarangapani, P. M. (2003). Indigenising curriculum: Questions posed by Baiga vidya. *Comparative Education, 39* (2), 199-209.

Schwartz, W. （1998）. *The identity development of multiracial youth.* N. Y.: ERIC Clearinghouse on Urban Education, Institute for Urban and Minority Education, Teachers College, Columbia University. (ERIC Document Reproduction Service No. ED425 248)

Scribner, J. D. & Layton, D. H. (Eds.). (1995). *The study of educational politics : the 1994 commemorative yearbook of the politics of education association (1969-1994)* . Washington, D.C. : Falmer.

Skilbeck, M. (1984). *School-based curriculum development.* London: Paul Chapman.

Smith, M. K. (1994). *Local education: community, conversation, and praxis.* Buckingham, Philadelphia: Open University.

Spivak, G. (1990). *The postcolonial critic: Interviews, strantegies, dialogues.* N. Y.: Routledge.

Stanley, W. B. (1992). *Curriculum for Utopia: Social reconstructionism and critical pedagogy in the postmodern era.* Albany: State University of New York.

Tanner, D., & Tanner, L. (1990). *History of the school curriculum.* N. Y.: Macmillan.

Teasdale & Rhea (2000). *Indigenous knowledge.* Retrieved January 20, 2009, from http://www.xxc.idv.tw/blog/xxc/lis/translate_from_wikipedia_indig.html

附錄一　本土教育課程綱要草案

壹、課程理念

　　臺灣在大航海時代，由於地理位置的關係，位處亞洲東邊海域，與中國為鄰，同時也位居世界航道的要衝，於是開始與世界互動。然而長久以來歷經不同國家的統治，本土知識未被重視，以至於國民不知自己是誰（who you are）、臺灣是什麼（what you are），將與臺灣有關的教育內涵狹窄地通稱為「鄉土」，亦無法正視生養自己的國土為「本土」，導致國民欠缺對本土的認同與愛戀，以及為它奮鬥的精神。如今已進入全球化的21世紀，在地精神、本土文化及臺灣優先的理念相對地更形重要。如不及時強化本土教育、增進認同感，國民將容易在多元世界裡喪失方向。

　　為達成「以臺灣為支點、撐起全世界」的理想，國民中小學課程發展應以「認識臺灣、關懷世界」作為目標，引導學生認識臺灣的社會與人民特質、多元族群與文化特色、歷史發展與自然環境等教育內容，藉以提升國民之本土相關基本知識，從而瞭解臺灣在世界舞臺上的角色。

貳、課程目標

　　國民中小學應建立學生「以身為臺灣人為榮」的教育情境，幫助學生尋求臺灣的主體性認同及命運共存的臺灣意識。讓學生瞭解從過去到現代的臺灣如何與世界產生互動；認識臺灣是我們共同的美麗家園，從古至今居住在這塊土地上的人們都是一家人；體認臺灣是一個多元族群與文化融合的社會，多元化的背景可以豐富人們的生活內涵；探究臺灣不同層面的本土特質，包括文化、人物、地理、歷史、語言、藝術、文學、植物、建築、俗諺、音樂、慶典與食物等；培養學生具有欣賞本土文化的能力與興趣，並能接軌全球文化。分階段

的具體目標如下：

一、國小低年級具體目標

㈠能辨識臺灣人多樣化的面孔。

㈡從故事或歌謠中認識有關臺灣的人、事、時、地、物等特質。

㈢認識臺灣的形狀，並知道臺灣是一個島國。

㈣知道臺灣地狹人稠的人口特色。

㈤知道校園裡常見的臺灣生物資源，例如動物、植物等。

㈥至少能使用三種臺灣的方言問候語。

㈦至少會吟唱三種臺灣的方言歌曲。

㈧認識臺灣的天候與季節，及其對人們生活的關聯性。

二、國小中年級具體目標

㈠知道「唐山過臺灣」移民來臺前後的臺灣社會與人民互動。

㈡瞭解西班牙、荷蘭及日本統治臺灣後，在藝文及建築等層面造成的影響。

㈢學習臺灣不同的族群文化，並能概述起源、傳說、文化特色、音樂及舞蹈等。

㈣能熟知三位日治時期臺灣人的傳記及重要作品。

㈤瞭解地理大發現後，臺灣位於國際航道的重要性及其發展。

㈥認識臺灣多樣性的地理風貌及引發的災害，如地震、水災等。

㈦欣賞臺灣的語言特色及藝文活動。

㈧認識臺灣特有的宗教神祀及多神信仰社會的特色。

㈨認識臺灣俗諺及其背後的精神與意涵。

三、國小高年級具體目標

㈠瞭解臺灣的地理因素如何影響臺灣的歷史與發展。

㈡瞭解臺灣獨特的氣候與洋流如何影響臺灣的生態與人文。

㈢瞭解臺灣的人口組成與分布。

㈣瞭解臺灣的自然資源分布情形，如礦產等。

㈤瞭解臺灣的運輸與通訊等產業特色與經濟發展成果。

㈥認識臺灣的地形面貌及其對人民生活、生存與生計的意義。

(七)知道臺灣特有的動、植物、昆蟲及其生存環境與因素。

(八)理解臺灣建築的特色、源由與人們的關聯性。

(九)認識臺灣的民主政治與憲法的基本思想。

(十)理解臺灣在世界舞臺所扮演的角色。

四、國中具體目標

(一)認識世界史中所描述的臺灣。

(二)理解全球化時代下的臺灣與國際關係的發展。

(三)理解自然資源過度開發後臺灣面臨的困境與契機。

(四)理解臺灣的產業結構與發展對人們生活的影響情形。

(五)比較臺灣與中國、臺灣與亞洲、臺灣與世界的關聯性。

(六)具備本土的基礎知識與素養。

(七)欣賞臺灣文學和語言的優美。

(八)培養尊重多元文化特色與和諧共存的價值觀。

(九)培養認同本土、熱愛本土的思想情感。

(十)培養公民社會意識與社會行動的能力。

(十一)培養民主政治素養與憲法的基本思想。

參、實施要點

一、課程設計

(一)應注意與橫向課程（同一年級但不同領域與議題）的整合和縱向課程（相同領域與議題但不同年級）的連結。

(二)採螺旋式課程設計方式，強調課程組織的相關性（由淺入深、加深加廣），以減輕學生學習的負擔。

(三)應兼顧「理性與感性」，引導學生學習有關臺灣的知識和技能，更要理解臺灣細緻的人文關懷，並以身為臺灣人為榮。

(四)課程設計以融入國民中小學九年一貫課程相關學習領域為原則。

(五)除國定課程綱要外，也重視本土議題結合社區資源發展校本課程，以求在全球化時代下，增進學生具有在地思維與在地精神。

二、教材編選

㈠應在與本土教育契合的概念下，將本土教育的內涵統整到既有的課程中。例如生活科相關部分應選取學校所在地，最大多數人使用的方言或代表性的歌謠；國語的閱讀課可選讀日治時代臺灣人的重要傳記與著作等。

㈡編寫教材內容時，應注意國小、國中及後期中等教育階段課程的銜接，也要符合課程目標，以協助學生由認識本土、認同本土到愛戀本土。

㈢教材編選應衡及學生的需求和興趣，儘量與生活經驗及時事相結合，教材內容之文字、圖片及資料也應易懂易學。

㈣教材編選應顧及不同年齡階段遞進的螺旋關係，避免與其他領域與議題有不必要的重複。

㈤可依照需求另編教師手冊，教師手冊應視需要列舉詳盡之活動手冊、參考文獻、視聽教材等資料，以協助教師進行教學。

三、教學方法

㈠教學應避免意識型態的灌輸，要以真實、正向的學習內容來喚醒學生的感動。

㈡教學應以學生為中心，運用適切的教學策略或方法，提升學生學習興趣與主動學習的態度。

㈢教學目標與活動的設計，應兼顧情意、技能及認知的均衡發展，並重視學生個別差異。

㈣教學活動應與其他相關領域、議題或學校行事活動結合，善用體驗活動或其他生動活潑的方式，強調實踐、體驗、省思的歷程。

㈤教學宜積極引導學生自主、合作的學習方式，以增進學生習得本土知識和社會行動能力。

㈥教學實施除於課堂講授外，應輔以校外實際體驗活動、參觀或其他方式，並善用網路與其他資源。

四、教學評量

㈠評量應依據活動目標及學習內涵，採用多元的評量方法。

㈡評量內涵應兼顧情意、知識與技能的不同層面。

㈢評量應兼重形成性評量與總結性評量。

㈣評量宜採多元評量方式，如實作評量、檔案評量、口語評量、高層次紙筆評量或其他評量方式等。

㈤評量結果除由教師評定外，得適切參酌學生自評、同儕評量、家長評量及其他相關人員的評量資料評定結果，並應考量學生個別差異。

㈥學校宜進行教學成效評量，做為教師改進教材、教法的依據，以及實施個別教學和輔導的參考。

五、活動資源

㈠除善用學校各項教學資源外，鼓勵主動運用社區資源，營造良好教學環境。

㈡得與社區內各級學校與機構就師資、教學資源及軟硬體設施等互相交流合作。

附錄二　本土語言「感恩、惜福」教學活動設計

壹、內容說明

一、**課程主題**：「感恩、惜福」

二、**設計者**：林淑慧、吳俊憲

三、**設計理念**

　　現今學生成長在優渥的物質環境中，過慣茶來伸手、飯來張口的生活，對日常生活的需求不虞匱乏，視為理所當然。本課程採教師自編的主題式設計，統整各個領域的相關課程；教學活動選擇貼近學生生活經驗的題材，並強調學生在真實生活中的實踐能力，希冀培養學生具有本土語言聽、說、讀的基本能力，改變生活態度，懂得愛惜和關懷家人、他人、社會及地球的其他事物，並能引發學習興趣。

　　本課程為三年級「本土語言」的部分課程，結合社會領域「家人的寫真」單元，讓學生運用本土語言來介紹家人並表達感謝的感謝；結合語文領域第八課「跳蚤市場」進行標語設計；運用「藝術與人文」領域所習得的技巧進行小組共同創作，並發表「感恩、惜福」的口白節奏及完成小書。多元化的活動安排，有助於提升學生的學習成效與興趣。

四、**教學對象**：國小三年級學生

五、**教學節數**：共6節

六、設計流程

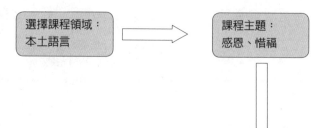

選擇課程領域：
本土語言 → 課程主題：
感恩、惜福

擬訂教學活動：
感恩卡、介紹活動、學習單製作、口白節奏創作、省思檢核、參訪活動、主題探討、跳蚤市場體驗、標語製作、製作小書、狀況據演出、生活公約訂定⋯⋯等 ← 選擇能力指標：
1-2-16、2-2-10、2-2-11、5-2-3、5-2-5

選定教學活動：
活動一：疼惜咱的人
活動二：感動的詩篇
活動三：跳蚤市場面面觀
活動四：感恩、惜福的生活公約訂定 → 教學評量活動：
活動通知單、課程評量辦法通訊、辦理活動、總結性評量

七、教材架構圖

(一)參考H. Gardner多元智能發展的課程結構

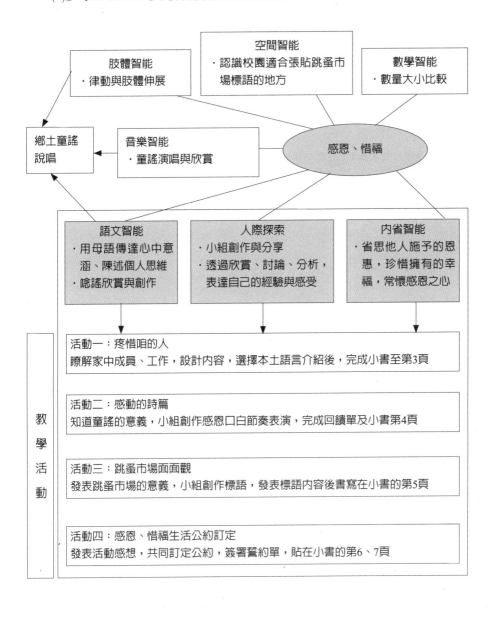

(二)教學活動對應之能力指標與融入的學習領域

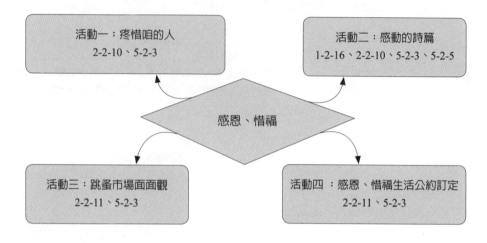

活動一：疼惜咱的人
2-2-10、5-2-3

活動二：感動的詩篇
1-2-16、2-2-10、5-2-3、5-2-5

感恩、惜福

活動三：跳蚤市場面面觀
2-2-11、5-2-3

活動四：感恩、惜福生活公約訂定
2-2-11、5-2-3

(三)主題教學架構表

涵蓋學習領域：社會、語文、綜合活動、藝術與人文。

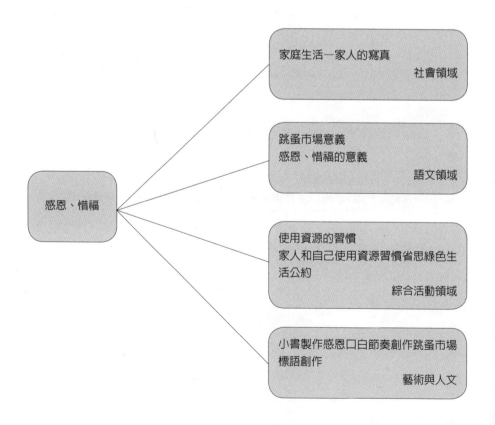

感恩、惜福

家庭生活─家人的寫真
社會領域

跳蚤市場意義
感恩、惜福的意義
語文領域

使用資源的習慣
家人和自己使用資源習慣省思綠色生活公約
綜合活動領域

小書製作感恩口白節奏創作跳蚤市場標語創作
藝術與人文

八、能力指標與教學目標

基本能力	能力指標	教學目標
規劃、組織與實踐	1-2-16能使用各種常見的通訊器材，聽辨別人的閩南語口頭語言。	1-2-16a能知道童謠的意思。
	5-2-3能運用閩南語詞彙，寫簡單的話和常用的語詞。	5-2-3a能寫出對家人的介紹內容。
		5-2-3b能寫出小書的內容。
		5-2-3c能寫出口白節奏的內容。
生涯規劃與終身學習	2-2-10能順暢而熟練的運用閩南語。	2-2-10a正確的表達意見。
		2-2-10b能流利的說出對家人的介紹內容。
表達、溝通與分享	2-2-11能運用閩南語與教師、學生進行問答與討論。	2-2-11a能運用本土語言討論跳蚤市場的意義。
		2-2-10b能流利的說出對家人的介紹內容。
欣賞、表現與創新	5-2-5能與同學共同表演口語即興短劇，分享口語創作的樂趣。	5-2-5a能共同表演口白節奏。

九、教學評量

活動名稱	教　學　評　量
活動一：疼惜咱的人	1.學生能說出對家人的感謝。 2.學生能知道家人的工作。 3.學生能參與討論、發表看法。 4.學生寫出小書的內容。
活動二：感動的詩篇	1.學生能說出童謠的意義。 2.學生能共同創作口白節奏。 3.學生能分組表演口白節奏。 4.學生能知道觀賞的禮儀。
活動三：跳蚤市場面面觀	1.學生能說出跳蚤市場的意義。 2.學生能製作跳蚤市場的標語。 3.學生能講出標語內容並記錄在小書上。
活動四：感恩、惜福生活公約訂定	1.學生能參與討論。 2.學生能訂定適宜的感恩、惜福生活公約。 3.學生能簽署誓約單並確實遵守。

貳、教學活動

單元名稱	活動一、疼惜咱的人	教學節數	2節課（共80分鐘）
活動地點	班級教室	教學者	林淑慧
能力指標	2-2-10能順暢而熟練的運用閩南語。 5-2-3能運用閩南語詞彙，寫簡單的話和常用的語詞。	教學目標	2-2-10a正確的表達意見。 2-2-10b能流利的說出對家人的介紹內容。 5-2-3a能寫出對家人的介紹內容。 5-2-3b能寫出小書的內容。

對應教學目標	教學活動流程	時間分配	指導要點及注意事項	教學資源	評量方式
	一、準備活動 1.教師準備： (1)教學活動通知單（如附件一）。 (2)家庭成員關係圖。 (3)各種行業圖片。 (4)學生4-5人分成一組。 (5)小書的格式（如附件二）。 2.學生準備：摺疊小書、剪刀		避免同質性過高		
2-2-10a	二、發展活動 1.引起動機：張貼家庭成員關係、各種行業圖片，引起小朋友的好奇心。 2.問題討論： (1)家庭中有哪些成員？ (2)家人從事的工作？ (3)如何介紹家人會比較好？ (4)如何表達對家人的感謝？	5分 15分	職業無貴賤，教師應適時澄清鼓勵方式多元、有創意	圖片 圖片	發表 發表
2-2-10a 5-2-3a 2-2-10b	3.討論發表： (1)小組進行討論。 (2)設計感恩的內容。 (3)小組發表。	50分	鼓勵創意與心意，不強調文字書寫		發表 實作
5-2-3b	三、綜合活動 1.小書製作 (1)教師總結學生發表的方式和內容，並加以鼓勵。 (2)將家人的稱謂、工作內容貼在小書的第2頁。 (3)把對家人的感謝內容貼在小書的發表。第3頁。 ◎延伸活動：課餘時間進行封面設計及第1頁的目次表。 ～第一、二節結束～	10分			實作

單元名稱	活動二、感動的詩篇	教學節數	2節課（共80分鐘）		
活動地點	班級教室	教學者	林淑慧		
能力指標	2-2-10能順暢而熟練的運用閩南語。 1-2-16能使用各種常見的通訊器材，聽辨別人的閩南語口頭語言。 5-2-3能運用閩南語詞彙，寫簡單的話和常用的語詞。 5-2-5能與同學共同表演口語即興短劇，分享口語創作的樂趣。	教學目標	2-2-10b能流利的說出口白節奏。 1-2-16a能知道童謠的意義。 5-2-3c能寫出口白節奏的內容。 5-2-5a能共同表演口白節奏。		

對應教學目標	教學活動流程	時間分配	指導要點及注意事項	教學資源	評量方式
	一、準備活動 1.教師準備： (1)每位學生一張回饋單（如附件三）。 (2)童謠樂曲。 (3)音符。 (4)自編口白節奏（如附件四）。 2.學生準備：白板、白板筆。				
1-2-16a	二、發展活動 1.引起動機： 　教師播放童謠，學生自然哼唱。 2.音樂會說話： (1)教師解釋童謠的意義。 (2)還有哪些鄉土童謠適合用來表達感激？謝意？	5分	事先鼓勵小朋友運用資料蒐集的方式共同蒐集教師於行間巡視並適時引導，解決困難	CD	聆聽 發表
2-2-10b	3.音符大集合： (1)將自編口白節奏「感謝天，感謝地，感謝自然賜我好天地，感謝阿娘价老爸」張貼，教導學生跟著節奏說。 (2)複習學生已知的音符。 (3)創作的重點教導。 4.小組進行討論、創作。 5.發表：小組上臺發表成果。	25分 20分 20分	鼓勵創作，注意觀賞的禮儀勇敢、適時的表達謝意	自編口白節奏	表演 實作 發表
5-2-3c 5-2-5a	三、綜合活動 1.教師總結學生發表的成果。 2.發下回饋單，回家表演給想感謝的對象欣賞，請對方回饋後，貼在小書的第4頁。 ～第三、四節結束～	10分		回饋單	實作

附錄二

197

單元名稱	活動三、跳蚤市場面面觀	教學節數	1節課（共40分鐘）
活動地點	班級教室	教學者	林淑慧
能力指標	2-2-11能運用閩南語與教師、學生進行問答與討論。 5-2-3能運用閩南語詞彙，寫簡單的話和常用的語詞。	教學目標	2-2-11a能運用本土語言討論跳蚤市場的意義。 2-2-11b能運用本土語言發表跳蚤市場的意義。 5-2-3a能運用本土語言詞彙寫出適合的標語。

對應教學目標	教學活動流程	時間分配	指導要點及注意事項	教學資源	評量方式
	一、準備活動				
	1.教師準備：				
	(1)壁報紙數張。				
	(2)課文重點提示條。				
	2.學生準備：				
	(1)著色用具。				
	(2)跳蚤市場商品。				
	二、發展活動			家長提供	
	1.引起動機：				
	經驗分享參加過跳蚤市場的心得。	3分			發表
2-2-11a	2.跳蚤市場前置作業				
2-2-11a	(1)跳蚤市場的意義：物盡其用，愛惜資源。	5分	正確的購物習慣		發表
2-2-11b	（以提示條引導學生發表）				實作
	(2)標語製作：針對跳蚤市場的特色，設計標語。	15分			
5-2-3a	3.大家做夥來：		簡短、好記		討論
	(1)小組說出標語內容並展示。	13分			發表
2-2-11b	(2)估估看跳蚤市場購買到的全新物品原價是多少。				
	(3)為什麼家中會有這麼多不需要使用的東西？				
	三、綜合活動				
	1.老師進行歸納，分享正確的購物習慣，學習克制無窮盡的物慾。	10分			發表
2-2-11a	2.將標語寫在小書的第5頁。				
	～第五節結束～				

單元名稱	活動四、「感恩、惜福」生活公約訂定	教學節數	1節課（共40分鐘）	
活動地點	班級教室	教學者	林淑慧	
能力指標	2-2-11能運用閩南語與教師、學生進行問答與討論。 5-2-3能運用閩南語詞彙，寫簡單的話和常用的語詞。	教學目標	2-2-11c能運用本土語言表達感恩、惜福教學活動的感想。 5-2-3b能用本土語言詞彙訂定生活公約。 5-2-3c能用本土語言說出生活公約內容。	

對應教學目標	教學活動流程	時間分配	指導要點及注意事項	教學資源	評量方式
	一、準備活動 1.教師準備：誓約單（如附件五）、跳蚤市場活動照片。 2.學生準備：家人生活照片。 二、發展活動 1.引起動機： 　老師把照片佈置在適當的位置，藉此引導小朋友回想和家人作陣跟去逛跳蚤市場的情形。 2.感恩、惜福生活公約訂定	5分 25分		照片	發表 討論 發表 實作
2-2-11c 5-2-3b 5-2-3c	(1)教師引導學生回想前三個教學活動的內容。 (2)發表、共同訂定班上的感恩、惜福生活福生活公約。		訂定的原則要在做到的合理範圍		
2-2-11c	三、綜合活動 1.簽署感恩、惜福生活誓約單。 2.將完成的誓約單貼在小書的第6頁。 ◎延伸活動：小書佈置、展示，綠色生活公約的實踐。 　　　　～第六節結束～	10分			實作

參、教學成果

一、各教學活動預期目標與教學成果

活動名稱	預期目標	教學成果
活動一： 疼惜咱的人	1.藉由介紹家人，瞭解家人的工作與辛勞。 1.透過討論活動，能思考介紹家人的方式，表達對家人的感謝。	1.因活動的需要，回家後觀察並和家人討論後，對家人的辛勞有不同的感受，更瞭解家人對自己的付出和期待，對家人的要求比較不會不耐煩，也比較能參與家事。 2.用本土語言來介紹，對孩子來說既新奇又富有挑戰性；家中的長輩參與度更高，從他們身上所獲得的遠超出預估，對本教學活動讚譽有加。
活動二： 感動的詩篇	1.童謠的欣賞活動後，自編口白節奏。 2.能表演給感謝的對象欣賞，並請對方回饋。	1.教學前其實有點擔心學生無法完成，沒想到表現超出預期，雖然錯字百出，但充滿趣味，家長和老師們都相當肯定。 2.學生不習慣表達謝意的方式，顯得有些扭捏；請家長協助鼓勵，從回饋單得知效果頗佳，對不常說閩南語的學生，要說又要表演，頗具難度。
活動三： 跳蚤市場面面觀	1.透過參加跳蚤市場經驗的分享，能知道「物盡其用，愛惜資源」。 2.針對跳蚤市場的特色，設計出標語。	1.經驗的分享後，學生能檢討自己的購物習慣，並提出可以改進的行為。 2.對初學者而言確實是項挑戰。不過，國語和閩南語並用很有趣味，師生從創作中也得到很多歡樂。
活動四： 感恩、惜福生活公約訂定	1.透過情境引導後能訂定班上的「感恩、惜福」生活公約。 2.能誓約努力實踐生活公約。 3.完成小書。	1.教學內容符合綠色的消費習慣，學生很有概念；雖然學生的閩南語不夠「輪轉」，但無損於學習的效果，許多學生表示：「真是太好玩了！」。 2.「說得容易，做得很難」，需要持續的觀察，隨時提醒。 3.第一次的嘗試，學生看到自己的作品很雀躍，到處展示自己本土語言教學活動的成果。

二、整體教學成果

(一)整個教學活動設計在教師多次與家長溝通、協調及修訂下，針對能力指標規劃適當的教學活動。

(二)四項教學活動進行流暢，以實踐、省思、體驗的活動方式來建立學習概念，破除教條式的說理。評量方式採觀察、發表、小書製作等方式，可以真正檢核學生的行動實踐與概念化的程度。

(三)活動進行前事先對家長宣導，邀請家長共同參與，因家長的投入，使教學成效獲得肯定，進而轉變學生和家長的觀念，對學校推展本土語言教育具有相當大的助益。

肆、教學省思與建議

一、活動一「疼惜咱的人」

(一)省思

物質生活充裕的學生對家人的付出視為理所當然，很多學生對家人從事的行業、工作內容毫不知情，透過本活動的進行，讓學生瞭解家人的辛苦與付出，對親子關係有正面的影響。

(二)建議

教學活動進行前對家長就活動內容、進行方式、評量方法及資料的蒐集做宣導溝通，請求家長協助，活動的進行相當順利。家長也省思到對孩子的學習不應是侷限在課業上。對老師設計融入在各個領域進行的本土語言教學活動給予相當多的協助與鼓勵，任何一個教學活動的設計，絕不能忽視家長此一環節。其次，本土語言的教學應著重於口頭的表達與溝通，文字的書寫不宜太著重於形式的要求，避免喪失學習興趣。最後，情意的表達是需要學習的，適當的引導能轉變學生對生活的態度。

二、活動二「感動的詩篇」

(一)省思

學生的潛力是無限的，端看教學者如何發揮創意。學生透過口白節奏的創

作，表達心中的感動，表現得可圈可點。

(二)建議

必須注重個別差異，對學習能力較佳的學生，讓其自行設計表達的方式，活動會更多元，激盪出更多火花。

三、活動三「跳蚤市場面面觀」

(一)省思

跳蚤市場經驗的分享，讓學生省思自己和家人的消費習慣，引導其在日常生活上有些微的轉變。

(二)建議

標語的製作對學生來說是比較困難的。平常運用本土語言的機會不多，聽、說能力普通，要寫出簡短有力的諺語對三年級的學生具有一定程度的困難。若能先做引導，透過家長的協助，成效會更好。

四、活動四「感恩、惜福生活公約訂定」

(一)省思

透過活動讓學生自省並加深概念上的建構。學生懂得惜物、愛物，也懂得為他人付出，美好的生活環境指日可待。

(二)建議

本活動進行過程中，學生一起使用國語和閩南語，課堂上充滿笑聲，也製造出許多歡樂，足見語言是用來溝通的，文法正確與否在此時並非教學重點；相信透過本活動可以逐漸轉變學生的日常習慣。

伍、參考資料

王瑞馨等（2005a）。**社會領域教科書：國民小學第一冊**。臺南市：康軒。

王瑞馨等（2005b）。**社會領域教科書教學指引：國民小學第一冊**。臺南市：康軒。

教育部（2003a）。**九年一貫課程綱要：社會領域**。臺北市：教育部。

教育部（2003b）。**九年一貫課程綱要：綜合活動領域**。臺北市：教育部。

教育部（2003c）。**九年一貫課程綱要：藝術與人文領域**。臺北市：教育部。

教育部（2003d）。**九年一貫課程綱要：語文領域**。臺北市：教育部。

【附件一】：教學活動通知單

教學活動通知單

親愛家長們，大家好：

　　這學期的本土語言教學活動「感恩、惜福」，配合社會、語文、綜合活動和藝術與人文課程進行教學實施，麻煩家長配合本課程，協助孩子進行資料蒐集與整理，並給予適當的回饋。

　　本課程共分四個單元：「疼惜咱的人」、「感動的詩篇」、「跳蚤市場面面觀」、「感恩、惜福生活公約訂定」，活動方式有發表、討論、小書製作、節奏口白創作等，教學評量則採計個人和小組的分數。若您對本課程的內容、實施或評量有任何問題，歡迎與老師聯繫。謝謝您的配合。

　　祝

　　闔家平安

導師　○○○敬上

2009年○月○日

－▪－－▪－－▪－－▪－－▪－－▪－－▪－－▪－－▪－－▪－－▪－

家長回饋：＿＿＿＿＿＿＿＿＿＿＿＿＿＿＿＿＿＿＿＿＿＿＿＿＿

＿＿＿＿＿＿＿＿＿＿＿＿＿＿＿＿＿＿＿＿＿＿＿＿＿＿＿＿＿＿＿

＿＿＿＿＿＿＿＿＿＿＿＿＿＿＿＿＿＿＿＿＿＿＿＿＿＿＿＿＿＿＿

【附件二】：小書製作說明

小書製作說明

1.將圖畫紙對摺。

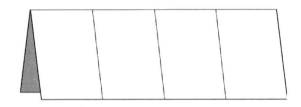

2.抓住紙的兩邊，同時向中間擠壓。

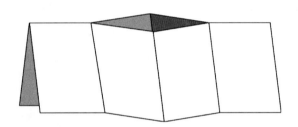

3.摺成如下圖樣

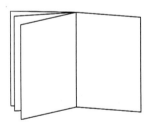

4.完成封面及封底

【附件三】：回饋單

回　饋　單

我要對我的＿＿＿＿＿＿表示感恩的心意

我要表演的是：＿＿＿＿＿＿＿＿＿＿＿＿＿＿＿＿

內容是：＿＿＿＿＿＿＿＿＿＿＿＿＿＿＿＿＿＿＿＿
＿＿＿＿＿＿＿＿＿＿＿＿＿＿＿＿＿＿＿＿＿＿＿＿
＿＿＿＿＿＿＿＿＿＿＿＿＿＿＿＿＿＿＿＿＿＿＿＿

家人的回饋：＿＿＿＿＿＿＿＿＿＿＿＿＿＿＿＿＿＿
＿＿＿＿＿＿＿＿＿＿＿＿＿＿＿＿＿＿＿＿＿＿＿＿
＿＿＿＿＿＿＿＿＿＿＿＿＿＿＿＿＿＿＿＿＿＿＿＿

【附件四】：口白節奏

感 恩 的 心

感 謝 — 天 — 感 謝 — 地 —

感 謝 阿 娘 佮 老 爸 —

感 謝 老 師 佮 逐 家 — —

感 謝 自 然 賜 我 好 天 地

逐家請慢用！

【附件五】：誓約單

誓　約　單

我是三年_____班_____號_____

我宣誓：「從今天起，我將盡我所能努力做到班級綠色公約，捍衛我們的地球，做個綠色小尖兵。」

我能做到：（做得到的請打✓）

□自備餐具。　　　　　　　　□用小方巾擦汗、擦手，減少衛生紙的用量。

□午餐不挑食、不浪費食物。　□用水桶裝水洗拖把、用過的水澆花木。

□用水桶裝水以重複清洗抹布。□自備開水或茶杯，不購買飲料。

□紙張兩面書寫利用。　　　　□減少使用立可白和立可帶。

□確實回收，瓶瓶罐罐不在水龍頭下沖洗，固定用一桶水就可以。

本人簽名並蓋手印：_____

國家圖書館出版品預行編目資料

本土教育課程改革／吳俊憲著. －－2版.－－
臺北市：五南, 2009.05
　面；　公分.
ISBN 978-957-11-5621-7（平裝）
1.課程改革　2.本土化
521.76　　　　　　　　　98006041

1ITJ

本土教育課程改革

作　　　者 ―	吳俊憲（63.5）
發 行 人 ―	楊榮川
總 編 輯 ―	龐君豪
主　　　編 ―	陳念祖
責任編輯 ―	李敏華
封面設計 ―	哲次設計
出 版 者 ―	五南圖書出版股份有限公司

地　　　址：106台北市大安區和平東路二段339號4樓
電　　　話：(02)2705-5066　　傳　真：(02)2706-6100
網　　　址：http://www.wunan.com.tw
電子郵件：wunan@wunan.com.tw
劃撥帳號：01068953
戶　　　名：五南圖書出版股份有限公司
台中市駐區辦公室/台中市中區中山路6號
電　　　話：(04)2223-0891　　傳　真：(04)2223-3549
高雄市駐區辦公室/高雄市新興區中山一路290號
電　　　話：(07)2358-702　　傳　真：(07)2350-236
法律顧問　元貞聯合法律事務所　張澤平律師
出版日期　2008年8月初版一刷
　　　　　2009年5月二版一刷
定　　　價　新臺幣290元